Gabriela Kreter

Jetzt reicht's:

Schüler brauchen Erziehung!

Was die neuen Kinder nicht mehr können –
und was in der Schule zu tun ist

Kallmeyersche Verlagsbuchhandlung

Deutsche Bibliothek - CIP Einheitsaufnahme

Ein Titeldatensatz ist bei der
Deutschen Bibliothek erhältlich

Kreter, Gabriela:
Jetzt reicht's:
Schüler brauchen Erziehung!

Dieses Buch ist in Kooperation mit dem Institut für
schulische Fortbildung und schulpsychologische
Beratung des Landes Rheinland-Pfalz (IFB) entstanden.

Impressum
2. Auflage 2002
© 2001 Kallmeyersche Verlagsbuchhandlung GmbH
D-30926 Seelze-Velber
Alle Rechte vorbehalten
Druck: Hahn-Druckerei, Hannover. Printed in Germany
Titel: Detlef Grove
Friedrich Mediengestaltung GmbH
Realisation: Stephanie Landskron/

ISBN 3-7800-4926-0

Inhalt

Einleitung   7

Teil I
Veränderte Kindheit: Ein Erklärungsversuch, warum Kinder heute nicht mehr zu ihren Lehrerinnen und Lehrern passen   15

1. Die Kindheit der Erwachsenen   16
2. Die „neuen Kinder"   27
3. Die „neuen Eltern"   34
4. Wo sind die neuen Lehrerinnen und Lehrer?   38

Teil II
Die Defizite: Was die „neuen Kinder" nicht mehr können   41

Älteren den Vortritt lassen   44

Schweigen, wenn andere reden   45

Verantwortung für Ordnung und Sauberkeit übernehmen   46

Schwachen beistehen   48

Regeln akzeptieren   49

Bei Fehlverhalten für Konsequenzen eintreten   52

Teil III

Was in Schulen machbar ist! 55

Killerphrasen und Totschlagargumente demontieren!
Handlungskonzepte entwickeln!

Killerphrase 1: „Wir sind doch Lehrer und keine Therapeuten" 61
- Demontage
- Expertenschaft gewinnen durch Vernetzung
- Vorschlag für methodisches Vorgehen

Killerphrase 2: „Wir können doch nicht aufarbeiten, was in den 71
Elternhäusern versäumt worden ist!"
- Demontage
- Gesprächs- und Beratungskompetenz verbessern
- Elternabende anders gestalten
- Vorschlag für methodisches Vorgehen

Killerphrase 3: „Die da oben sollen uns erst mal besser ausstatten,
bevor die von uns wieder etwas Neues verlangen!" 93
- Demontage – mehr nicht!

Killerphrase 4: „Mit uns kann man es ja machen; wir sind doch
die Prügelknaben der Nation!" 95
- Demontage
- Aufnahme des Handlungskonzeptes „Erziehende Schule"
in das Schulprogramm
- Vorschläge für methodisches Vorgehen

Killerphrase 5: „Ja, wenn wir nur deutsche Schülerinnen und Schüler
hätten – aber wir haben doch
so viele Ausländer und Aussiedler!" 126
- Demontage

Teil IV

Was hilft: Regeln und Rituale 133

Regeln und Rituale helfen Kindern, erwünschtes Verhalten anzunehmen

Teil V

Vorsicht! 143

Das ist nicht gemeint!

Literatur 146

Einleitung
Anlässe, Probleme, Adressaten, Ziele, Gebrauchswerte

Als Lehrerin und Mutter habe ich die Entwicklungsschritte junger Menschen im Laufe eines langjährigen Berufs- und Privatlebens in Gemeinschaft mit Kindern beobachten können. Anders als Mitte der 70er Jahre bin ich heute nicht mehr der Auffassung, dass wir unsere Kinder sich nur in Ruhe entwickeln lassen müssen; dann könnten sie selbst entscheiden, was für sie gut wäre!

Die Kinder der Gegenwart geben uns überdeutliche Hinweise, dass sie unzufrieden sind mit den Erwachsenen, von denen sie keine Orientierungen oder Regeln erhalten, die ihnen weder einen Verhaltenskodex noch Lösungen für ihre Probleme geben und keine Antworten auf ihre vielen Fragen geben können.

Als Lehrerin arbeite ich in einem pädagogischen Beruf, für den ich mich 1971 nach der Lektüre von „Theorie und Praxis der antiautoritären Erziehung" von A. S. Neill entschieden habe. Die Berichterstattung über den „Kinderladen rote Freiheit" in Berlin und die Glockseeschule in Hannover gehörten wie „Antiautoritäre Erziehung und Psychoanalyse" von Siegfried Bernfeld zur Grundlagenliteratur meines Lehrerstudiums. Sozialisationstheorien, die die Entwicklung von Persönlichkeit und Sprache betrafen – Bernstein/Oeverstein/Wigotsky gehörten zu meinen Prüfungsthemen im Staatsexamen 1975: Es war die Zeit der Bildungsreform – neue Rahmenrichtlinien, neue Schulgebäude, kleine Klassen – und meine gleichaltrigen Kolleginnen und Kollegen waren beseelt von dem Gedanken, Schule von innen demokratisch und kinderfreundlich zu verändern. Die wichtigen Buchtitel unserer ersten Praxisjahre waren u. a. Hubertus von Schoenebeck: „Der Versuch ein kinderfreundlicher Lehrer zu sein", Heinrich Kupfer: „Erziehung – Angriff auf die Freiheit" oder Iris Mann: „Die Kraft geht von den Kindern aus" – ihre Titel drücken bis heute Programmatik aus. Die damaligen Bonmots *Macht kaputt, was euch kaputt macht!* und *„Kinder an die Macht!"* gingen uns gut über die Lippen.

In meiner Referendarzeit an einer Hauptschule im Münsterland erhielt ich Mitte der 70er Jahre den ersten Praxisschock. Kinder, vor denen ich angetreten war, sie ernst zu nehmen und wertzuschätzen, wollten mich nicht in gleicher Weise ernst nehmen und wertschätzen. Wenn sich ihr autoritär eingestellter Klassenlehrer zurückzog, tanzten sie mir auf der Nase herum, lachten mich für mein freundliches Verständnis aus und verschworen sich untereinander gegen mich. Eine Frage, die sich viele Lehramtsanwärterinnen und -anwärter schon damals stellten, war: *Warum merken eigentlich so viele Kinder nicht, dass wir sie lieben und es gut mit ihnen meinen?*

Nach dem zweiten Examen kam ich an eine Hauptschule im nördlichen Ruhrgebiet und wurde dort Klassenlehrerin meiner Traumklasse: 25 Elfjährige, kritikfähig und diskussionsfreudig von einer Grundschullehrerin en bloque in die Sek. I entlassen. Sie verfügten über gut eingeübtes Sozialverhalten und hatten Eltern, die aus gemeinsamer Grundschulerfahrung wussten, dass es Spaß machen kann, sich an Elternabenden zu treffen. Niemand bestritt, dass Lernen auch mit Anstrengung verbunden sein musste und dass sich diese Anstrengung lohnen konnte. Konflikte und Probleme ließen sich in dieser Klasse gesprächsweise lösen; auf Klassenfahrten ließ ich mich duzen. Fragen nach meinem Privatleben beantwortete ich freimütig.

Ich fühlte mich als junge Lehrerin meinen Schülerinnen und Schülern näher und eher verbunden als meinen damaligen Kolleginnen und Kollegen, in deren Klassen ich als Fachlehrerin eingesetzt war und nur sehr wenige schöne Berufserlebnisse hatte.

Als Fachlehrerin zu arbeiten war für mich harte Arbeit unter Bedingungen, die ich in jeder Klasse anders vorfand. Die Ergebnisse meines Unterrichts fielen sehr unterschiedlich aus, obwohl ich mich den Kindern mit der gleichen Aufmerksamkeit und Unterrichtsvorbereitung widmete wie den Schülerinnen und Schülern meiner eigenen Klasse.

Es waren die **unterschiedlichen Erziehungsstile**, die Lehrerinnen und Lehrern das Arbeiten in denselben Klassen angenehm oder zur Hölle machen konnten, und sicherlich noch mehr das nicht angemessene Darüber-Reden, denn pädagogische Auseinandersetzungen führten wir nach Schwarz-Weiß-Manier: „Autoritäre Böcke" gegen „antiautoritäre Schöngeister". Manchmal habe ich den Eindruck, dass diese Blöcke heute noch existieren!

1977 hatte ich den ersten Schüler türkischer Herkunft, dem später Schülerinnen und Schüler aus Marokko, Jugoslawien, Polen und Russland folgten: Mit ihrem Eintritt in deutsche Schulklassen vollzog sich über Jahre ein immer wiederkehrendes Phänomen: Wohlerzogene Kinder und Jugendliche ausländischer Herkunft benahmen sich wenige Tage vorbildlich in ihrer neuen deutschen Klasse, brachten aber binnen kurzer Zeit das fast vollständige Programm zotiger Begrifflichkeiten und Verhaltensweisen in Sprache, Mimik und Gestik in Anwendung, über das die angestammte Schülerschaft bereits verfügte. Anders als es zunehmend bei Schülerinnen und Schülern deutscher Herkunft der Fall war, konnten damals noch Elterngespräche schnell und wirksam für Abhilfe sorgen. Als Mitarbeiterin bei der RAA (Regionale Arbeitsstelle zur Förderung von Kindern und Jugendlichen aus Zuwandererfamilien) erfuhr ich später immer wieder, dass Lehrerinnen und Lehrer diesen Elterngesprächen aus dem Weg gingen. Ich habe dafür nie eine Erklärung gefunden

1987 wurde ich als Lehrerin bei der RAA in Hamm freigestellt und hatte hier Gelegenheit, einen weiten Überblick über die Arbeit an Schulen zu erhalten. Mein Fokus erweiterte sich darüber hinausgehend durch die Tätigkeit als Moderatorin und Moderatorentrainerin in der Schulinternen Lehrerfortbildung in Nordrhein-Westfalen. In diesem Tätigkeitsrahmen habe ich in den vergangenen acht Jahren in über 40 Schulen aller Stufen mit Kollegien und Teilkollegien zum Themenbereich schulischer Gewaltprävention gearbeitet. Die Problemlagen waren im Prinzip identisch – und zwar unabhängig vom Schultyp.

Anfangs war ich nur erstaunt, mit der Zeit jedoch erschüttert, wie sehr Lehrerinnen und Lehrer in purer Hilflosigkeit vor jungen Kindern und heranwachsenden Menschen verzagen und wie sehr es Schülerinnen und Schüler in den letzten 20 Jahren gelungen ist, die Machtverhältnisse im System Schule zu verkehren. Ganze Systeme gerieten ins Trudeln, weil Lehrpersonen an den Energieschüben und den Verhaltensweisen einer über Jahrzehnte veränderten Schülerschaft scheiterten, anstatt sie konstruktiv zu nutzen oder professionell an ihnen zu arbeiten.

Nach 26 Dienstjahren kann ich **pädagogische Schwierigkeiten, die aus unterschiedlichen Erziehungsstilen erwachsen**, **entlarven** und sie Kollegien in Arbeitsphasen von Praxisreflexion in ihrer Wirksamkeit bewusst machen. Wissen über die Wirksamkeit unterschiedlicher Erziehungsstile und die Konsequenzen, die ihre Schülerinnen und Schüler daraus ziehen, brauchen Lehrerinnen und Lehrer, um für ihre Schule ein **passend zugeschnittenes Erziehungskonzept** erstellen zu können.

Meine Kolleginnen und Kollegen dürfen sich meines Verständnisses sicher sein, wenn sie manchmal glauben, an der neuen Schülergeneration verzweifeln zu müssen. Aussagen wie die folgenden höre ich sehr häufig:

– *„Wenn die Kinder dies und das nicht von ihren Eltern vermittelt bekommen, bin ich doch ohne Chance!"*
– *„Das ist doch ein Kampf gegen Windmühlenflügel, den man von uns verlangt!"*
– *„Die Kinder und die Eltern haben doch heute in der Schule mehr zu bestimmen als wir!"*

Was die Signaturen veränderter Kindheit betrifft, blicke ich selbst auf Erinnerungen und Erfahrungen mit vielen Geschwistern, Verwandten und Nachbarskindern in kleinstädtischer, bürgerlicher Umgebung in den 50er Jahren zurück, mit denen Kindheit heute kaum noch zu vergleichen ist.

Analogieschlüsse aus eigenen Kindheitserfahrungen helfen dennoch weiter, wenn wir uns mit professionellen Antworten der Frage nähern wollen, wie Schule auf die Anforderungen der veränderten Kindheit reagieren kann. *Was hat uns selbst als Kindern gut getan? Was fehlt den Kindern heute? Was brauchen sie – und wo können sie es bekommen?*

Es gibt m. E. kein schulpädagogisches Problem, für das sich nicht auch eine Lösung findet. Die Fachwissenschaft verfügt über alle notwendigen Interventionsstrategien – die Schwierigkeit besteht darin, dass Lehrerinnen und Lehrer sie noch nicht in ihrem Alltagshandeln unterbringen.

1. **Menschen haben alles, um ihre Probleme zu lösen!**
2. **Es gibt Lösungen für – fast – alle Probleme; man muss sie nur finden!**
3. **Eine kleine Veränderung ist der Schritt zu einer großen Veränderung!**
4. **Handlungen und Beschreibungen sind zirkulär!**

Grundannahmen lösungsorientierten Denkens und Handelns (zitiert nach Ausbildungsunterlagen Curriculum Systemische Pädagogik/Reinhard Voss, Karin Egidi)

Die Kinder sind nicht verantwortlich für die Erziehungsdefizite, mit denen sie in die Schule kommen! Und wenn Berufspädagoginnen und -pädagogen Mängel feststellen, sollten sie sie diagnostizieren, nach ihren Ressourcen schauen und sich der Problematik mit Handlungsplänen stellen.

Handlungspläne erfordern **die Implementierung einer Erziehenden Schule** – das ist eine Schule, die aktiv die pädagogische Verantwortung für die Schülerinnen und Schüler übernimmt, die sie täglich besuchen, und sie nicht länger ausschließlich den Elternhäusern zuweist.

Im Folgenden plädiere ich für den Vollzug einer schulpädagogischen Wende. (Mit der Konzeption der Erziehenden Schule arbeiten in der Praxis schon etliche Schulen. An der Parkschule in Hamm, einer städtischen Hauptschule, wird die Wirksamkeit der Konzeption in einem Modellversuch durch die Universität Bielefeld evaluiert; die Mittelvergabe dazu erfolgte durch die Gemeinnützige Hertie-Stiftung in Frankfurt.) „Der Kopf ist rund, damit das Denken die Richtung ändern kann!" – Mit dieser Aufforderung zum Perspektivenwechsel von Francis Picabia möchte ich Lehrerkollegien für ein schulisches *Erziehungskonzept* gewinnen, das **kinderfreundlich** – in neuer

Adaption des Begriffes! – sowie **problem- und praxisorientiert** dazu beitragen kann, dem hochentwickelten Burnout in der Lehrerschaft entgegenzuwirken und damit die Berufszufriedenheit der Kolleginnen und Kollegen wiederherzustellen. **Lehrerinnen und Lehrer sollen ermutigt werden, die vielfältigen aktuellen schulpädagogischen Probleme zu lösen, statt durch Untätigkeit aktiv zu ihrer Verschärfung beizutragen.** Dazu biete ich Deutungen, Vorschläge zum Umdenken und methodische Arbeitsschritte für die Umsetzung an.

In Teil I beschreibe ich, warum es heute so scheint, als ob Lehrpersonen, Kinder und Eltern nicht mehr zusammen passen. Zum gedanklichen Einstieg in die Thematik biete ich Ihnen ein Dekadenmodell an, das holzschnittartig zeigt, wie sehr sich Kindheit in den vergangenen 60 Jahren verändert hat und welche Folgen daraus für uns und unsere Nachkommen entstanden sind.

In Teil II skizziere ich aus der Sicht von Lehrerinnen und Lehrern ausgewählte Unerträglichkeiten von Schülern, zu denen mir die Kolleginnen und Kollegen immer wieder sagen: „Da kannst du nichts machen! Wenn die Eltern da nicht mitziehen, bist du machtlos! Die haben doch heute in der Schule mehr zu bestimmen als wir selbst!" Ich bin definitiv anderer Meinung und möchte Sie ermutigen, auf der Grundlage der Vorüberlegungen in diesem Kapitel an Ihrer Schule tätig zu werden.

In Teil III greife ich gängige Deutungen aus Kollegien auf, die ich in Fortbildungsveranstaltungen immer wieder gehört habe. Ich bezeichne sie als „Killerphrasen" und „Totschlagargumente" und versuche sie zu entkräften: Das meine ich mit „Demontage".

Der Abschnitt „Mit uns kann man es ja machen! Wir sind ja die Prügelknaben der Nation!" bildet das Herzstück meines Buches. Handlungen und Beschreibungen sind zirkulär! Wer sich immer nur als Opfer, Leidtragende(r) oder Abhängige(r) versteht, ist selbst handlungsunfähig! Ihr und ihm muss bewusst gemacht werden, welche Konsequenzen Nicht-Handeln hat. Konkret bedeutet das: *Spüren Sie bitte nach, wieviel Kinderleid dadurch entsteht, weil Lehrerinnen und Lehrer glauben, dass eigentlich sie die zu bemitleidenden Personen sind!*

In Teil IV entwickele ich ein Spektrum von Handlungsstrategien, die helfen, Kindern eindeutige Orientierungen und klare Wertigkeiten an die Hand zu geben: Regeln und Rituale, die den Schulalltag strukturieren, präventiv wirksam sind, Schlimmeres verhüten und in Krisenfällen handhabbar sind.

Teil V heißt „Vorsicht"! Er ist kurz und wichtig und **soll mich und meine Leserinnen und Leser vor Missverständnissen und Fehldeutungen schützen.** Darum mache ich hier deutlich, was mit meinen Ausführungen in den Teilen I, II und III genau nicht gemeint ist!

Im Anhang finden Sie auch nostalgisch wertvolle und immer noch spannende Literaturangaben von früher, jedoch mehr Anregungen für Lektüre, die Sie heute brauchen. Die Zugänge von früher taugen nicht mehr, denn: *„Die Lösungen von gestern sind die Probleme von heute"!* (Peter Senge, Die fünfte Disziplin)

Veränderte Kindheit

*Ein Erklärungsversuch, warum Kinder
heute nicht mehr zu ihren Lehrerinnen
und Lehrern passen*

1. Die Kindheit der Erwachsenen

Die überwiegende Anzahl der Lehrerinnen und Lehrer, die gegenwärtig im Schuldienst sind, verbrachten ihre eigene Kindheit in den 40er und 50er Jahren.

Übung für Lehrerkollegien

Teilen Sie sich in altershomogene Kleingruppen auf (jeweils vier bis sechs Teilnehmer)
Nehmen Sie sich eine gute halbe Stunde Zeit und sprechen Sie miteinander über folgende Themen:

- *Wie sahen Sie als Kind aus? Wie waren Sie frisiert/gekleidet?*
- *Wie und wo haben Sie Ihre Freizeit verbracht, gespielt? Welches Spielzeug besaßen Sie? Welche Sportarten haben Sie ausgeübt? Wie?*
- *Wie gestalteten sich bei Ihnen zu Hause die Mahlzeiten? Was gab es zu essen?*
- *Welche Feste haben Sie gefeiert? Wie?*
- *Was war Ihren Eltern wichtig? Welche Regeln galten bei Ihnen zu Hause?*
- *Woran erinnern Sie sich gern/nicht so gern?*

Gehen Sie anschließend in altersgemischte Gruppen und tauschen Sie sich über Ergebnisse aus!

Vergleichen Sie Ihre Kindheitsbedingungen mit den Bedingungen, zu denen Kinder heute heranwachsen!

Eine Kindheit in den 40er Jahren bedeutete Entbehrung.
Die Zeit war geprägt vom Zweiten Weltkrieg mit seinen Toten, Verletzten, Verstümmelten, Traumatisierten, von Hunger, Verlust, Vertreibung, Zerstörung, Besitzlosigkeit, Vaterlosigkeit und von Kinderspielen auf den Trümmern der zerstörten Städte. Die Kinder von damals sagen allerdings häufig: *„Unsere Kindheit war wunderbar!"*

● Typische Äußerungen von Kindern aus den 40er Jahren

„Unsere Eltern hatten uns streng verboten, in den Trümmern zu spielen. Es war ja auch gefährlich! Aber für uns gab es nichts Schöneres!"

„Einmal haben wir in einem eingestürzten Keller noch Gläser mit Eingemachtem gefunden! Das war ein Festessen bei uns zu Hause!"

„Ich kann mich noch an mein erstes Stück Schokolade erinnern; das gab mir ein amerikanischer Soldat!"

„Wie wir gekleidet waren? Ich hatte ein Kleid, mit dem bin ich buchstäblich groß geworden. Da wurden Nähte aufgetrennt und immer wieder der Saum herausgelassen. Dann passte es wieder!"

„Ich habe Fahrrad fahren gelernt als Steppke auf einem Fahrrad, das mein Großvater 50 Jahre vorher angeschafft hatte; Mensch, was war ich stolz, dass ich das durfte!"

Die Kinder der sich anschließenden 50er Jahre wuchsen in einer Mangelgesellschaft auf.

Es gab eine Puppe für die Mädchen, ein Auto, eine Pistole oder einen Panzer für die Jungen. Später bekamen die Mädchen eine Häkelnadel und ein Wollknäuel, damit sie der Puppe etwas zum Anziehen herstellen konnten, und die Jungen bekamen eine Märklin-Eisenbahn zum Aufziehen oder einen Stabilbaukasten. Beneidenswerte Mädchen hatten einen Puppenwagen und beneidenswerte Jungen einen Roller. Es gab aber keine ausgestatteten Kinderzimmer oder Parties an Geburtstagen!

Kinderspiele fanden auf den Straßen statt: Seilchenspringen, Hüpfekästchen, Verstecken, Fangen, Ballspiele. Schwimmen lernte man in Flüssen oder Seen, Turnen auf der grünen Wiese. Fernsehen war ein Ereignis, zu dem man gelegentlich eingeladen wurde. Dann wurde man wie ein Glückskind beneidet und konnte auf der Straße vor den anderen renommieren mit Lassie, Fury oder Rin-Tin-Tin.

● Typische Äußerungen von Kindern aus den 50er Jahren

„Wir haben alle zusammen um ein Radiogerät gesessen und Hörspiele angehört. Den Hörspielen haben wir entgegengefiebert. Anschließend haben wir stundenlang darüber geredet!"

„Wir haben jeden Abend nach dem Essen am Küchentisch mit der ganzen Familie Mikado oder Mensch-ärgere-dich-nicht gespielt!"

„Wenn wir Verwandtenbesuch hatten, mussten wir Kinder unsere Betten freimachen. Ich fand das wunderbar; ich durfte

dann nämlich auf der Besucherritze zwischen meinen Eltern schlafen!"

„Ich weiß noch, wie sich einmal meine Eltern mit Bekannten zum Fernsehen verabredeten. Am nächsten Tag hörten wir mit großen Augen zu, was sie davon erzählten!"

„Samstagabend wurde gebadet. Dann kamen fünf Kinder nacheinander in die Wanne, immer in dasselbe Wasser; und unsere Mutter schrubbte uns ab!"

„Sonntags trugen wir Sonntagsanzüge; die mussten besonders geschont werden. Und mit dem Anzug bin ich in ein Matschloch gefallen/in den Anzug habe ich mir beim Klettern eine Sieben gerissen! Ich habe mich stundenlang davor gedrückt, nach Hause zu gehen. Dann gab es Senge!"

„Unsere Puppen verloren beim Spielen ja ihre Arme und Beine oder bekamen Löcher in ihre Zelluloidkörper. Vor Weihnachten holte sie der Puppendoktor, und dann brachte sie das Christkind zurück!"

Die Kinder der 60er Jahre wuchsen als Konsumkinder heran.

Es gab schon Legosteine und Barbie-Puppen sowie Fernseher mit Kinderprogrammen in immer mehr Haushalten. Der Besitz einer Waschmaschine erlaubte den Hausfrauen „mitzuarbeiten"; von dem dazu verdienten Geld leistete die Familie sich etwas: elektrische Küchenmaschinen oder Sommerurlaub. Man fuhr an die Nordsee oder nach Italien – und dies immer häufiger im eigenen Auto.

Die Kinder der 60er Jahre bekamen schon Taschengeld. Sie kauften sich davon z. B. Micky-Maus- und Fix-und-Foxi-Hefte, Prickel-Pit und Nappos.

● Typische Äußerungen von Kindern aus den 60er Jahren

„Welche Kleidung? Ja, Lederhose natürlich! Neu waren die nichts! Je älter desto besser!"

„Ich hatte bestimmt 10 Puppen, aber eine Baby-Puppe war die beste; sie hatte einen weichen Körper wie ein richtiges Baby und Schlafaugen! Und wenn man ihr ein Fläschchen gab, machte sie richtig Pippi!"

„Wir haben so gern mit Legos gebaut; das Blöde war immer: man hatte nie genug!"

„Die Barbie-Puppe war damals aber noch gut genährt! Die hatte runde Hüften und Oberschenkel! Und soviel Kleidung wie heute kaufte man nicht; die nähte Mama!"

„Jeden Sommer nach San Remo/Bayern/Nordsee; das fanden wir irgendwann auch langweilig!"

„Wir haben von morgens bis abends auf so einer Brachfläche gespielt, Verstecken, Räuber und Schandit und sowas. Da stehen jetzt Hochhauskomplexe. Ich weiß gar nicht, wie die Kinder sich beschäftigen, die da heute wohnen!"

„Alle zwei Wochen mussten wir Söhne mit unserem Vater zum Friseur, der hat uns nacheinander den Nacken ausrasiert. Dann wollten wir aber Pilzköpfe haben! Herrgott – welche Kämpfe haben wir da ausgestanden!"

„Genauso war es, als wir Jeans haben wollten; Ami-Hosen sagten unsere Eltern dazu. Und jetzt gibt es niemanden mehr, der keine Jeans hat!"

Dann kam 1968, und danach war für die Kinder vieles nicht mehr wie vorher.

1968 prägte die Kindheit der 70er Jahre. Die Kindheit wurde Experiment.

Während man sich bisher darauf verlassen konnte, dass Lehrerinnen und Lehrer für dieselben Werte einstanden, wie Elternhaus, Kirche, Bürgermeister, Arzt und Nachbarn, wurden von nun an Traditionen in Frage gestellt, Normen verunglimpft, Regeln unterlaufen, Rituale abgeschafft.

Der „autoritäre Charakter" befand sich im kritischen Fokus der Sozialwissenschaften, der Pädagogik, der Psychologie. Die „antiautoritäre Erziehung" wurde zum Schlagwort. Kinderläden begannen zu experimentieren, „alte Zöpfe" mussten abgeschnitten werden und mit den traditionellen (Haar)-Trachten verschwanden zum Beispiel

- der Respekt vor den Älteren
- das „Scheiß"-Sonntagskleid
- der so genannte „gute Ton"
- der Kirchgang
- die geregelten Essenszeiten

- das Aufstellen auf dem Schulhof
- der Knicks
- der Diener
- die Tischmanieren
- die Hochsprache

Das war damals richtig! Denn die Zeit war reif für die Auseinandersetzung mit dem autoritären Charakter und der nicht aufgearbeiteten deutschen Geschichte des 20. Jahrhunderts.

● Lehreräußerungen aus den 50/60er Jahren, die nicht auf Widerspruch trafen:

„Aufstellen! Wenn die Linie gerade ist, ist auch das Denken gerade!"

„Wer hier nicht spurt, fliegt!"

„Du bist und bleibst doch ein elender Versager!"

„Du bist nichts und aus dir wird auch nichts!"

„Wo kommen wir denn hin, wenn hier jeder Abitur machen kann!"

„Euer Vater ist für euch der Stellvertreter Gottes. Und nach eurem Vater kommt der Pastor. Und dann komme ich. Das ist doch klar."

„Lehrjahre sind keine Herrenjahre!"

„Was Vater sagt, ist wohlgetan!"

„Lange Haare, kurzer Verstand!"

„Solange du die Füße unter den Tisch deiner Eltern stellst, hast du zu gehorchen!"

„Wenn Erwachsene reden, halten Kinder den Mund!"

„Nehmen Sie unsern immer richtig 'ran, ruhig auch mal ein paar hinter die Löffel, dann lernt der besser!" Mit diesen Worten wandten sich Eltern an die Lehrerinnen und Lehrer ihrer Kinder!

Ein Kollege erzählte mir, an seinem ersten Schultag habe sein Lehrer einen Acht-Klässler herbeigeholt und vor den Augen von 50 I-Männchen nach Strich und Faden verprügelt. Dann habe er den Jungen gehen lassen und sich mit den Worten an die Klasse gewandt: „So wird es jedem von euch gehen, der hier nicht spurt!" Später habe er einen Lehrer gehabt, der nach dem Motto gehandelt habe: „Erst schlagen – dann reden!" Der habe tatsächlich erst jedem Schüler eine Ohrfeige versetzt, bevor dieser ihm sein Anliegen vortragen durfte!

Lehramtsstudenten aus den 50er Jahren können berichten, dass sie an den Pädagogischen Hochschulen Seminare mit dem Thema besuchten „Wie ein Kind zu züchtigen ist".

Die jungen Lehrerinnen und Lehrer, die in den 70er Jahren ihren Dienst antraten, hatten vielfältige eigene Erfahrungen mit brachialen Strafen und Erniedrigungen, die sie selbst in Schule und Elternhaus erlitten hatten. Vor dem Hintergrund weniger Schriften, die sich damals für „antiautoräre Erziehung" einsetzten, sagten sie der Verächtlichmachung und der Geringschätzung von Kindern den Kampf an. Gleiches geschah in der Elementarerziehung, wo Selbsthilfegruppen von Studenten und jungen Akademikern mit den Traditionen der Kindergärten brachen und die Kinderladenbewegung initiierten.

Wie wir damals stritten und an den Schulen um pädagogische Territorien kämpften, ist mir unvergesslich. Die Nachdenklichkeit der „alten Garde" war schon so weit fortgeschritten, dass sie nach sinnvollen Begründungen für ihr rabiates Lehrerverhalten suchte: Manch einer musste einem Schüler in gefährlichen Physik- oder Chemie-Unterrichtssituationen das Leben retten – das ging nur mit einer Ohrfeige! Und im Sportunterricht konnte es nun mal passieren, das ein gut platzierter Ball auf dem Schenkel eines unliebsamen Schülers Spuren hinterließ!

Die **Berufsanfänger der 70er Jahre** waren zornig, wenn sie so etwas hörten und **machten keinen Hehl aus ihrer Überzeugung, auf der Seite der physisch und psychisch abgestraften Kinder zu stehen.** Sie nahmen offen die Partei der verletzten und missachteten jungen Menschen ein und wurden von ihnen dafür geliebt. Wir wussten, dass Schule nicht repressionsfrei sein konnte. Daran litten wir. Wir bemühten uns um repressionsarmes Verhalten. Dazu gehörte, dass eigenes Verhalten im Umgang mit Kindern kritisch reflektiert wurde, und wenn die Argumentation eines Kindes irgendwie plausibel erschien, gaben wir den Forderungen der Schülerinnen und Schüler Raum.

Die Lehrerinnen und Lehrer von damals wollten um jeden Preis kinderfreundlich handeln. Sie sahen in Kindern gleichwertige Partner für Erwachsene. Unterrichtsplanungen durften einer Klasse nicht einseitig übergestülpt werden – sie bedurften der Diskussion und Abstimmung mit der Klasse. Wenn Kinder der Argumentation ihrer Lehrer nicht folgen mochten, gaben die 68-geprägten Lehrerinnen und Lehrer ihnen Recht und verließen dafür ihre eigenen Standpunkte.

Ich selbst fand mich damit ab, dass mich Schülerinnen und Schüler als junge Lehrerin Anfang/Mitte der 70er Jahre duzten. Ob sie mir einen Vogel zeigten oder fadenscheinige Ausreden hatten für Fehlverhalten, das mir oft genug gegen den Strich ging: Ich zeigte mich zugewandt und verständnisvoll, denn ich wollte mich von den autoritären Kolleginnen und Kollegen absetzen, wollte die Kinder sich so repressionsfrei wie möglich entwickeln, sich „emanzipieren" lassen.

● Typische Äußerungen von Kindern aus den 70er Jahren

„Ich habe schöne Erinnerungen an meine Kindheit. Ich kann mich nicht erinnern, dass ich irgendetwas nicht durfte oder schwer bestraft wurde!"

„Also, bei uns war das eigentlich nicht anders als die Kollegen aus den 60er Jahren berichten. Wenn ich zu Hause gesagt habe, die andern dürfen dies und das, haben meine Eltern immer gesagt: Das interessiert uns nicht, was andere machen!"

„Unsere Lehrer waren auch sehr streng; vor denen hatten wir Angst. Aber wir hatten einen, der war ganz anders; da spürten wir, dass der uns gern hatte. Den hatten wir auch sehr gern!"

„Fernsehen war bei uns normal – aber nicht so wie bei den Kindern heute! ‚Bezaubernde Jeannie' habe ich am liebsten geguckt."

„Dass wir in Urlaub gefahren sind, war total selbstverständlich! Das taten ja alle! Ich wundere mich jetzt, dass das hier bei den älteren Kollegen nicht so war!"

„Kleidung, Spielzeug und so, das gab es immer. Wenn meine Freunde etwas hatten, bekam ich das auch. Aber anders war, dass ich nach der Schule nicht nach Hause konnte. Bei uns zu

Hause war niemand, weil meine Eltern arbeiteten. Ich war in einer Pflegefamilie!"

Parallel zu den zunehmend freien Entwicklungsmöglichkeiten explodierte ein Kinder- und Jugendkult nie gekannten Ausmaßes. Das Kind als Konsument wurde zur Zielscheibe eines gigantischen Marketings: Spielzeuge, Kleidung, Lebensmittel, Variationen von Freizeitgestaltung, Musik und Sportarten sind seither Modetrends unterworfen und gelten nur dann als wertvoll und begehrt, wenn ihre Beschaffung im jahreszeitlichen Wechsel erfolgt.

Vieles, was für die Kinder der 60er Jahre noch richtig, klar und wertig war, wurde für die folgenden Geburtsjahrgänge schwammig, unklar und diffus. Unarten wurden zur Regel, sie wurden schön geredet und verteidigt. Vor lauter Angst, von ihrer Umwelt als autoritär abgekanzelt zu werden, blickten Eltern und pädagogische Profis weg. Man stand nicht mehr für Standpunkte und Werte ein und missverstand die antiautoritäre Erziehung genauso wie die ihr folgende Antipädagogik als Laisser-faire-Stil. Die traditionellen Vorbilder im kindlichen Umfeld verloren ihren Glanz. Erwachsene standen Kindern nicht mehr zur Orientierung zur Verfügung. Sie erwarteten von Kindern eigene Meinungen, eigene Entscheidungen. Einfluss auf Verhalten zu nehmen, Benehmen zu korrigieren oder einen Modus durchzusetzen, den man selbst für richtig erachtete, galt als Beeinflussung und Manipulation. Beides waren zu ächtende Vergehen.

Mit der Zeit konnten sich Eltern in ihren jeweiligen Subkulturen Anerkennung verschaffen, wenn sie das Lehrerverhalten an den Schulen ihrer Kinder in Bausch und Bogen verteufelten.

Die Kinder trugen die Auffassungen ihrer Eltern in die Schulen und an die Ohren ihrer Lehrerinnen und Lehrer; hier nutzte man diese Botschaften, die oft in treuherziger Offenheit überbracht wurden, nicht zur Positionsklärung.

Hier bahnte sich schleichend eine Entwicklung an, deren Gefährlichkeit und Reichweite lange Zeit niemand richtig wahrnahm.

2. Die „neuen" Kinder

In den 80er Jahren geriet die Kindheit in die Krise.
Privatfernsehen, Kabelkanäle und Videotechnik ermöglichten den Familien permanente Unterhaltung aus zweiter Hand. Schulkinder und auch schon Kleinkinder verbringen seither mehr Zeit sitzend vor den Geräten, als dass sie im Kontakt mit Mitmenschen sind, starrend auf eine Mattscheibe mit schnell wechselnden Bildfolgen, die real wirkende Erlebnisse und Abenteuer in die Wohnstuben transportieren. Auf Knopfdruck lassen sie sich abschalten oder wiederholen. Der kommunikative Austausch mit den peers – Freundinnen und Freunde, Geschwister, Nachbarkinder – wie mit Leitfiguren – Eltern, Großeltern, Nachbarn, Verwandte, Bekannte – schrumpfte beträchtlich. Wenn Sechsjährige in die Schule kommen, haben sie schon Tausende von Morden auf dem Bildschirm gesehen, grausame Nachrichten aus aller Welt, Fakten, die mit Fiktionen verschwimmen. Sie erleben eine Umwelt, in der Reichtum und Überfluss, Sicherheit und schnelle Bedürfnisbefriedigung konterkariert werden von ökologischen Katastrophen, weit ver-

breiteter Arbeitslosigkeit, drohender Armut und Angstsyndro-
men, ausgelöst durch Kriege und nukleare Supergaus.

🔊 Äußerungen aus Begegnungen mit Kindern in den 80er Jahren

„Das Wochenende wird schön, Frau Kreter, mein Vater hat gesagt, ich darf fünf Videos ausleihen!" (Schülerin, 12 Jahre)

„Ich freue mich so, dass wieder Schule ist. Die Ferien sind immer so langweilig!"
(Schüler, 5. Klasse nach drei Wochen Osterferien; die Klasse nickt bestätigend; niemand widerspricht)

„Sie haben kein Video, Frau Kreter? Was machen Sie denn in Ihrer Freizeit?" (Schülerin, 12 Jahre)

„Ich finde es nicht schön, wenn wir Besuch haben. Dann sind immer alle besoffen und es gibt Streit." (Schüler, 12 Jahre)

„Wollen Sie mit mir Sex haben, Frau Kreter? Ich kann Ihnen alles zeigen!" (Schüler, 13 Jahre)

„Frau L., wissen Sie eigentlich, dass die ganze Schule glaubt, das Kind von der Frau N. wäre von mir?" (Schüler, 14 Jahre)

„Verschlucken Sie mal 'ne Fliege! Dann haben Sie mehr Hirn im Bauch als im Kopf!" (Schülerin, 11 Jahre)

Durch den freien Umgang mit den neuen Informations- und Kommunikationstechnologien erhielten Kinder plötzlich Zugang zu Wissen, das Erwachsene früher vor ihnen strategisch verborgen hatten. „Diese Kinder haben heute schon vor dem ersten Kontakt mit dem anderen Geschlecht ein Wissen über Sexualität, das hatte ich als 25-Jähriger noch nicht – und da war ich schon verheiratet", erzählte einmal ein Lehrer unter dem zustimmenden Gelächter seines Kollegiums, „und ich bin mir nicht sicher, dass die damit glücklich sind!"

In den 80er Jahren gingen die heftigen Auseinandersetzungen in den Kollegien über Erziehungsstile schon zurück. Viele Lehrerinnen und Lehrer, die ihren Beruf unter dem Postulat der Kinderfreundlichkeit angetreten hatten, gerieten in erste Identitätskrisen, weil sie spürten, dass ihre Freundlichkeit, ihre Duldsamkeit, Partnerschaftlichkeit und Toleranz die Kinder nicht mehr in der Weise erreichten, wie sie es sich bei Eintritt in ihre Berufstätigkeit zum Ziel gesetzt hatten.

Die Beispiele der Schülerzitate belegen, dass sich Kindheit in dieser Dekade schon in einer Weise veränderte, die den Kindern nicht gut tat.

Anstatt Freundlichkeit auf Freundlichkeit folgen zu lassen und nach entgegengebrachter Duldsamkeit selbst Toleranz zu entwickeln, wurden die Kinder zunehmend dreist und überschritten Grenzen. Sie nutzten die Großzügigkeit von Eltern und Lehrpersonen für die Erweiterung ihres eigenen Territoriums aus.

Gespräche mit Eltern über Erziehungsfragen wurden schwierig, denn der Zeitgeist wollte, dass die elterliche Solidarität ohne Wenn und Aber dem Kind gehörte. In Beratungsgesprächen erlebe ich seit Mitte der 80er Jahre, dass Eltern immer häufiger vorbringen, die Lehrpersonen ihrer Kinder hätten doch „keine Ahnung", wären von Grund auf „kinderfeindlich"(!) eingestellt, richtige „Kinderhasser", sonst könnte es doch gerade mit ihrem Kind nicht immer zu solchen Problemen kommen. Andererseits räumen sie in solchen Gesprächen auch ein, dass ihr Kind auch sie selbst oft genug überfordere. Auch sie explodierten häufig und wüssten sich keinen Rat mehr. „Aber von einem Lehrer muss man doch erwarten

---

Verbreitete Elternargumente, die der Lehrerschaft klar machen sollen, dass das eigene Kind im Recht ist

o *Wenn es andere gefährdet oder beleidigt hat:*
„Ich habe meinem Sohn erklärt: Bevor du angegriffen wirst, teilst du selber aus!"
„Wieso darf unser nicht ‚Kümmel' zu dem Ali sagen – das sagt doch jeder zu dem!"

o *Wenn es nicht für Fehlverhalten gerade stehen und Verantwortung übernehmen will:*
„Erzogen wird bei uns zu Hause; da hat die Schule sich nicht einzumischen!"
„Meine Tochter braucht sich bei keinem zu entschuldigen; so habe ich die erzogen!"

o *Wenn es Regeln nicht befolgt, die den sozialen Umgang miteinander erleichtern:*
„Wie – die soll im Unterricht nicht essen? Und wenn die Hunger hat?"
„Regen Sie sich doch nicht immer gleich so auf, wenn unser Jaust ihnen mal die Tür vor der Nase zuschlägt! Wenn ich mich über so was schon aufregen würde!"

dürfen, dass er sich unter Kontrolle hat! Dem darf das doch nicht passieren!"

Was Lehrerinnen und Lehrern nach Ansicht vieler Eltern „nicht passieren" darf, konterkariert den Erziehungsbegriff im bestverstandenen Sinn.

Die im Kasten auf der linken Seite aufgeführten Zitate belegen, dass diese **Eltern nicht bereit sind, Verantwortung dafür zu übernehmen, was ihre Kinder tun.** Sie wissen nichts darüber, wie Kinder lernen und ihre Prägungen erhalten. Sie sind von der Überzeugung geleitet, dass ihre Kinder dann richtig liegen, wenn es ihnen gelingt, sich durchzusetzen. Darin sehen sie sogar kindliche Stärke.

Wie grotesk es sein kann, wenn Eltern die Verantwortung für das Verhalten allein der Entscheidung ihrer unerfahrenen Kinder selbst überlassen, wurde mir in einem persönlichen Erlebnis in den 80er Jahren klar. Ein dreijähriges Mädchen hatte sich mit kochendem Wasser verbrüht. Es schrie und weinte vor Schmerzen, und die Mutter fragte: „Jetzt sag doch endlich! Willst du zum Arzt oder nicht!?"

In den 90er Jahren definierten wir schon die Gegenwart als Postmoderne.

Als Kennzeichen der Postmoderne gelten Vielheit, Pluralität und Diversität. Die Kinderzimmer sind mit High-Tech-Equipments ausgestattet: Fernseher, Videorecorder, PC, Computerspielekonsole und Musikanlage gehören zum Standardbesitz von Grundschulkindern. Maschinen und Apparate dienen vom Babyalter an als Substitut für leibhaftige Menschen, die sich eigentlich um die Kinder kümmern sollten. Die Teletubbies richten sich an die letzte Zielgruppe, die das Fernsehen bisher noch nicht erreicht hatte: die Babies. Bis zu 90 % des kindlichen Erlebens kommt aus der Konserve. In Schulen und Kindergärten erzählen die Kinder abenteuerliche gewalttätige und blutrünstige Geschichten aus der Perspektive persönlicher Anschauung, die sie in der von ihnen geschilderten Weise nie und nimmer gehabt haben können.

● Begegnungen mit Kindern in den 90er Jahren

„Ich war dabei, als der Mörder den Mann erstochen hat, mit dem Messer immer wieder in den Hals gestochen, auf der Kanalwiese, wissen Sie doch wo; ich hab' der Polizei alles erzählt!" (Junge, 9 Jahre)

„Dann hat der Mann der Frau den Bauch aufgeschlitzt, bei uns im Treppenhaus, aber die war gar nicht tot, und ich hatte Angst, gleich macht der das auch mit mir! Ich habe mich ganz schnell versteckt!" (Junge, 8 Jahre)

„Opa, der Hund ist schwul, pass auf, der will dich ficken!" (Mädchen, 8 Jahre)

„Papa, kannst du Mama nicht mal wieder richtig durchvögeln, dass sie nicht mehr soviel an mir rummeckert!?" (etwa 7-jähriges Mädchen mit ihren Eltern unüberhörbar in der Schlange an der Supermarktkasse)

Ein Grundschulkind biss einem anderen in die Wade, um zu erfahren, wie Menschenfleisch schmeckt!

Während des Bürgerkrieges in Jugoslawien renommierten bosnische Kinder in ihren Klassen, wie viele Tschetniks ihre Väter wieder getötet hätten – umgekehrt sicherlich ebenfalls.

Besuchskinder machen sich, ohne ein Wort zu verlieren, über meinen Kühlschrank her. Neben ihren Müttern lieferten sie sich Schlachten mit Würfelzucker und Kandisstücken über meinen Teetisch.

Kinder bekommen plötzlich aus dem Nichts einen Riesenhunger, brauchen auf der Stelle einen Apfel oder ein Butterbrot, beißen einmal an und sind rundherum satt. Der Hunger ist weg.

Und erst der Durst! Es gibt Kinder, die haben solch entsetzlichen Durst, gegen den hilft kein Wasser, der kann nur mit Cola gestillt werden!

Kinder aus den 90er Jahren sind laut, unbeherrscht, frei von Tabus, verhalten sich grenzen- und schrankenlos, verlangen die Erfüllung ihrer Wünsche sofort und ohne Aufschub, stellen ungebremst materielle Ansprüche, verweigern Reflexion und Empathie, wenn sie etwas angestellt haben, und zeigen deutlich nur geringe Sozialkompetenzen der Art, auf die die Schule bis in die 70er Jahre hinein als **Gratislieferung aus den Elternhäusern** setzen konnte. Es fehlt ihnen an Rücksichtnahme im weitesten Sinne:
- Den Älteren Vortritt lassen
- Schweigen, wenn andere reden
- Schwachen beistehen
- Verantwortung für Ordnung und Sauberkeit übernehmen
- Regeln akzeptieren
- Bei Fehlverhalten für die Konsequenzen eintreten

Über Werte und Normen, darüber, „was man tut" gibt es zwischen Schule und Elternhaus schon seit langem keinen Konsens mehr.

Vor 1968 litten die Kinder darunter, wenn ihre Eltern unge-
prüft niederschmetternde Bewertungen ihrer Lehrerinnen und
Lehrer übernahmen und sie dadurch doppelt abgestraft wurden. Heute gehört es zum Alltagserleben der Pädagoginnen
und Pädagogen, dass Eltern in Rage geraten, wenn man es
wagt, Verhaltensweisen ihres Kindes in Frage zu stellen. Oder
Kinder bauen sich in Imponierhaltung vor ihren Lehrerinnen
und Lehrern auf und schmettern ihnen entgegen:

> „Sie haben mir gar nichts zu sagen! Mein Vater/meine
> Mutter wird es Ihnen schon zeigen!"

3. Die „neuen Eltern"

Die Kinder der 70er und 80er Jahre sind die Eltern der heuti-
gen Kindergarten- und Grundschulkinder. Können Lehrerinnen und Lehrer von diesen Eltern erwarten, dass sie der Schule zuarbeiten, wie sie es aus ihrer eigenen Sozialisationserfah-
rung heraus erwarten? Diese Eltern transportieren oft sehr un-
klare Vorstellungen über Liebe, Liberalität und angemessenen
Umgang mit Kindern. Fördern, Fordern und Verwöhnen gehören durchaus zu ihrem Lebensplan im Umgang mit ihren
Kindern, findet aber nur innerhalb diffuser Konstruktionen
statt. **Regeln, Grenzen und ihre Bedeutung für die kindliche
Entwicklung sind den neuen Eltern allzu häufig nicht vertraut.** Vergleichbares trifft übrigens auch für die 2. Generation
ausländischer Arbeitsmigranten zu, die als Kinder türkischer
„Gastarbeiter" während der 70er Jahre erstmals deutsche Schu-

len besuchten (dazu Näheres im Kapitel „Wenn wir nur deutsche Kinder hätten, ginge das ja vielleicht noch, aber wir haben doch so viele Ausländer und Aussiedler!").

Alle Eltern möchten, wie ihre eigenen Eltern eine Generation vorher, dass es ihren Kindern einmal besser gehen solle als ihnen. In Beratungssituationen formulieren sie offen, dass sie nicht oder nur ungenau wissen, welche erzieherische Leistung von ihnen erwartet wird, bzw. angemessen sein könnte, und sie sind irritiert, wenn sie von Lehrerinnen und Lehrern, in denen sie pädagogische Profis sehen, keine klaren Positionsbestimmungen erhalten. **Die neuen Eltern benötigen spezifische Hilfen, die ihnen die Verantwortung von Elternschaft und erzieherisch gedeihliches Handlungswissen erschließen.**

In Kindergruppen und Kindergärten gehört es zum Alltagshandeln der Erzieherinnen, miteinander und mit den Eltern über Erziehungsstile zu reden. An Elternabenden oder Elternnachmittagen steht die Entwicklung der Kinder im Mittelpunkt und es werden Angebote in relevanten Erziehungsfragen gemacht. Auch persönliche Gespräche über das eigene Kind sind beim Bringen und Abholen täglich möglich. Sobald ihre Kinder in der Schule sind, müssen hilfesuchende Eltern auf diese pädagogischen Rückkopplungen verzichten. Sie bedauern dies sehr und vermissen die gewohnten persönlichen Gespräche.

„Geht es Ihnen gut – oder haben Sie ein Kind in der Schule?"

Das fragte mich einmal eine Mutter mit Galgenhumor, den sie nach einem Eltersprechtag noch aufbringen konnte.

Die schulischen Organisationsabläufe sehen elternpädagogische Angebote vor. Minimum sind zwei Elternsprechtage und zwei Klassenpflegschaftsabende jährlich. Sie verlaufen für die Eltern mit Beratungsbedarf – und das sind sehr, sehr viele! – in der Regel enttäuschend.

An Elternsprechtagen müssen sich die Ratsuchenden im Minutentakt die Klinke in die Hand geben, und an Elternabenden, die auch häufiger als zweimal im Jahr für die vertiefende Behandlung pädagogischer Thematiken genutzt werden könnten, hat sich – unglaublich, aber wahr! – landauf, landab folgendes Schema für die Tagesordnung festgefräst:

1. Wahl der Klassenpflegschaftsvorsitzenden
2. Bekanntgabe der Stoffverteilungspläne für das nächste Halbjahr
3. Wahl der Elternvertreter für die Klassen- und Fachkonferenzen
4. Verschiedenes

Dass Eltern es vorziehen angesichts solch langweilig ausgeschriebener Veranstaltungen wegzubleiben, ist aus meiner Sicht verständlich.

Wenn Lehrerinnen und Lehrer dann wiederum erklären „Wir bieten ja ständig Elternabende an, aber die Eltern kommen ja nicht!" ist das der Rundschluss für den kommunikativen Teufelskreis, indem sich Eltern, Lehrkräfte und Kinder in der Schule zur Zeit befinden.

Zur Lösung des Problems dürfte der einfache kommunikationspsychologische Lehrsatz beitragen:

Miteinander reden – nicht übereinander!

Eltern kommen zu schulpädagogischen Veranstaltungen, wenn die Themen zu ihnen und ihren Kindern passen und sie in angemessener Diktion und Aussprachemöglichkeiten durch die Veranstaltung begleitet werden. Passende Themen sind gegenwärtig:

– Drogen/Gewalt/Sexueller Missbrauch/(Rechts-)Radikale Verführer: Wie kann ich mein Kind schützen?
– Kinder stark machen: Was heißt das eigentlich? Und wie geht das?
– Pubertät: Was erwartet mich und mein Kind?
– Kindliche Entwicklungsphasen: Wie weit ist mein Kind?
– Erwachsen werden: Was braucht mein Kind von mir?
– Hochbegabung: Was ist das?
– Werteerziehung: Was bin ich meinem Kind schuldig?
– Fernsehen/Videos/Computer/Spielekonsolen/Handy: Was gehört zu einer zeitgemäßen Medienerziehung?

Eine betroffene Mutter erzählte mir kürzlich: „Ich bin mit meinen drei Kindern jetzt fünf Jahre an der Grundschule N. N. Jedes Jahr zu Weihnachten muss ich eine Woche in der Schule basteln und jedes Jahr zu Ostern auch. Ich will nicht mehr basteln! Ich will als Mutter in der Schule etwas darüber erfahren, was ich jeden Tag in der Zeitung lese: Gewalt, Drogen, sexueller Missbrauch, Hochbegabung – dazu habe ich in der Schule in fünf Jahren noch kein Wort gehört!"

Im Fokus der Problemlagen, in dem sich Schulen im Umgang mit den „neuen Kindern" befinden, dürfen sie nicht länger auf ein konzeptionell durchdachtes Elterncurriculum verzichten!

4. Wo sind die neuen Lehrerinnen und Lehrer?

Vor lauter Angst, von ihren Abnehmern als autoritär eingeschätzt zu werden, ging den Lehrerinnen und Lehrern in den
letzten 30 Jahren offenbar der klare Blick dafür verloren, was
Kinder wirklich brauchen:

**Vorbild, klare Regeln, liebevollen Umgang, Hilfen, Auf-
merksamkeit und Grenzen!**

Das laute, unbeherrschte, vermeintlich rücksichtslose Verhalten der Kinder zu Beginn des 3. Jahrtausends heißt in der Übersetzung:

Sieht mich denn keiner?

Nehmt mich doch wahr!

Ich brauche Unterstützung!

Sagt mir, wie es richtig ist!

**Ich weiß es nicht, und ich verhalte mich so lange auffällig,
bis es mir endlich einer erklärt!**

In Fachdiskussionen taucht inzwischen immer häufiger der
Begriff *Erziehungsnotstand* auf, mit dem es die Pädagogik zu tun
habe. Pädagoginnen und Pädagogen sind heute in derselben
Verantwortung wie in den Jahren nach 1968, als es galt, die

Kinder von sinnlosen Regeln und Ritualen und brutalen und ungerechten Strafen, der „Schwarzen Pädagogik" (Katharina Rutschky) zu befreien!

Heute benötigen die Kinder – und ihre Eltern! – den „Halt in der Haltlosigkeit"! Wenn Lehrerinnen und Lehrer selbst ihre Prägungen und Wertvorstellungen während der 40er und 50er Jahre erworben haben, machen sie einen Denkfehler, wenn sie erwarten, dass sich die Eltern und Kinder der 2. Jahrtausendwende an das ihnen noch normal erscheinende Regularium in Schule und Öffentlichkeit zwanglos andocken können! Richtig ist allerdings, wenn sie darüber nachdenken, was ihnen damals gut getan hat und zeitgemäßen Transfermöglichkeiten nachgehen!

Die Kinder von heute, deren Verhalten viele nicht mehr verstehen, sind nicht böswilliger als die Kinder früherer Generationen. Sie haben aufmerksam, neugierig und gutwillig nach Art der Kinder in ihrem individuellen Kontext gelernt, sich so zu verhalten. Ihre Sozialisationsagenten – Eltern, Verwandte, ErzieherInnen, Lehrerschaft etc. – waren ihnen dabei behilflich, anscheinend ohne es zu wissen.

Auch wenn es Lehrerinnen und Lehrer in den Gesprächen anders erscheint: Die Eltern unserer Schulkinder wissen oft nicht weiter. Sie wüssten gern von Ihnen, den Lehrerinnen und Lehrern ihrer Kinder, ausgebildeten Pädagoginnen und Pädagogen, was sie tun sollen!

Welche Antworten haben Sie?

Die Defizite

Was die „neuen Kinder" nicht mehr können

Wiederbelebung sinnvoller Umgangsformen

Während ich dieses Kapitel zusammenstelle, bin ich mir sehr wohl bewusst, das Kinder heute vieles können, von dem die Kinder der frühen Dekaden des letzten Jahrhunderts nicht einmal träumen konnten. Sie sind ohne jeden Zweifel auch im Besitz von Kompetenzen, die ihnen und der Gemeinschaft, in der sie leben, dienlich sind. Auch sind sie mit Energien ausgestattet, die sie zukunftstauglich machen. Sie sind „selbstbewusster", „selbstständiger", „offener", „erfahrener", „leistungsorientierter", „lebendiger", „individueller", „informierter", „vielseitiger", „impulsiver" und „aufgeschlossener" als jede Kindergeneration zuvor, und darin liegt ohne Wenn und Aber das große Verdienst der Demokratisierungsbewegung, die vor 30 Jahren begann, das Leben der Kinder und Jugendlichen zu verändern.

Es geht in diesem Buch aber um das Leiden der Lehrerinnen und Lehrer, verursacht durch Verhaltensphänomene junger Menschen, auf die sie als Erwachsene(!) glauben, keinen Einfluss mehr zu haben. Es scheint manchmal, als ob sie die Geister nicht mehr los würden, die sie vor drei Jahrzehnten selbst auf den Plan riefen. In der Schule nehmen sie vorwiegend die Kehrseite der anerkennenswerten Eigenschaften wahr; denn sie erleben ihre Schülerinnen und Schüler als „ichbezogen", „eigenwillig", „distanziert", „überfordert", „notenfixiert", „unruhig", „heterogen", „illusionslos", „festgelegt", „sprunghaft", „affektgesteuert" und „ablenkbar". (Die Zusammenstellung beider Attributreihen verdanke ich meinem Komoderator Jürgen Kaiser aus Arnsberg.)

Betrachten Sie die im Folgenden beschriebenen Lehrerleiden genauer und überlegen Sie, ob Sie die Zumutungen, die Sie durch die neuen Kinder im Defizitbereich ihrer sozialen Kompetenzen täglich erleben, wirklich wie eine Naturkatastrophe über sich hinwegziehen lassen müssen!

Um es vorwegzunehmen: **Ich bin überzeugt davon, dass es Lehrerinnen und Lehrer mittels eines einheitlichen Erziehungskonzeptes an ihren Schulen wieder gelingen kann, die folgenden Umgangsformen wiederzubeleben:**

- **Älteren den Vortritt lassen**

- **Schweigen, wenn andere reden**

- **Verantwortung für Ordnung und Sauberkeit übernehmen**

- **Schwachen beistehen**

- **Regeln akzeptieren**

- **Bei Fehlverhalten für Konsequenzen eintreten**

Wie das gelingen kann zeigen die Kästen auf den folgenden Seiten.
In den „Nachdenkaufgaben" sind praktikable Änderungsmöglichkeiten des Fehlverhaltens aufgeführt, die es wert sind, ausprobiert zu werden.

Älteren den Vortritt lassen

Es gab einmal eine Übereinkunft, dass Jüngere Älteren die Tür aufhalten oder auf engem Raum zur Seite treten, um Älteren den Vortritt zu lassen. In dieser Zeit war es allerdings leider auch üblich, dass Erwachsene Kinder gern übersahen, wenn sie mit ihnen zusammen an einer Einkaufstheke Schlange standen. Sie glaubten, ihr Alter verliehe ihnen das Recht, sich vordrängeln zu dürfen. Heute scheint dies das Recht der Jugend zu sein.

Bis in die 70er Jahre hinein war es für Kinder und Jugendliche in öffentlichen Verkehrsmitteln noch selbstverständlich, ihren Sitzplatz zur Verfügung zu stellen, wenn Ältere nur einen Stehplatz hatten.

Damit kann heute niemand mehr rechnen! Im Gegenteil: Als eine ältere gehbehinderte Person um den Platz bat, den ein Kind eingenommen hatte, fuhr die Mutter sie an: „Mein Kind hat selbst bezahlt!"

Nachdenkaufgabe für Lehrerinnen und Lehrer

Müssen Sie denn wirklich verständnisvoll lächeln, wenn Sie auf einem Meter Türbreite von sieben lärmenden Kindern zur Seite gedrängt werden?

Sie sollten diesen körperlichen Ansturm in großer Eindeutigkeit zurückweisen!

Besprechen Sie mit einer Gruppe von Kolleginnen und Kollegen, welche Maßnahmen Sie passend für Ihren Schultyp gemeinsam ergreifen können!

Schweigen, wenn andere reden

Das gehört in der guten Gesellschaft an sich noch zum „Guten Ton", allerdings nicht bei Schülerinnen und Schülern in der Schule. Der Redebeitrag anderer stellt geradezu Aufforderungscharakter für eigenes Reden dar! Zwischenrufe, Seitengespräche, störendes Hineinplatzen, ja sogar im Unterricht das Handy zu bedienen(!) halten viele Schülerinnen und Schüler mit Unterstützung ihrer Eltern für normal.

Nachdenkaufgabe für Lehrerinnen und Lehrer
Halten Sie es als Lehrer oder Lehrerin für wichtig, sich weiterhin in Toleranz zu üben?
Suchen Sie nach „sachlichen" Begründungen für dieses Verhalten nach dem Motto „Das ist der von zu Hause aus einfach nicht anders gewohnt!?"
Oder stimmen Sie mir zu, dass auch hier die Grenzen der Duldsamkeit längst erreicht sind?
Weil gleichzeitiges Reden mehrerer Personen die Zuhörfähigkeit der Mitmenschen behindert!
Weil es auch Ihnen persönlich oder dem legitimierten Redner in einer Unterrichtsstunde nicht recht ist, gestört zu werden!
Weil es einfach eine Ungehörigkeit ist!
Seien Sie nicht zögerlich: Erklären Sie Ihre Schule zur handyfreien Zone! Das steht Ihnen zu – und wird in Kliniken, Flugzeugen und Kaufhäusern schon lange praktiziert!

Verantwortung für Ordnung und Sauberkeit übernehmen

Bücher in Schülerhand brauchen seit langem nicht mehr pfleglich behandelt zu werden: Es besteht ja Lehrmittelfreiheit!

Schülerinnen und Schüler führen auch schon lange nicht mehr ihre Hefte von der ersten bis zur letzten Seite. Hefte kauft man sich permanent neu – und die Begründungen fließen locker von der Zunge:

„Wollen Sie denn, dass ich Ihnen ein Heft mit Eselsohren zeige!?", „Sie sind ja selber schuld, wenn Sie mir so viel mit Rot dareinschreiben! Meinen Sie, ich will mir das jeden Tag angucken!?"

Für die Kinder der Gegenwart ist es kein Problem von Rang, das Geld für Hefte, Stifte, Füller, Kugelschreiber von ihren Eltern zu bekommen, besonders, da man auch hier den schnelllebigen Modetrends ausgesetzt ist – der Bleistift mit Leonardo di Caprio und das Etui mit Millenium-Emblem, der Kugelschreiber mit Pokemons und das Diddl-Ringbuch sind fast „Pflicht".

Und für die Sauberkeit auf dem Schulgelände und in den Klassen sind nach Auffassung der neuen Kinder eindeutig Putzfrauen und Hausmeister zuständig.

Nachdenkaufgabe für Lehrerinnen und Lehrer

Sind Sie im Konsens mit diesen Schülerauffassungen? Oder stimmt da etwas nicht?

Was würden Sie gern ändern?
Was hindert Sie, es zu tun?

Der größte Teil der Steuergelder, der für Lernmittelfreiheit eingesetzt wird, könnte meines Erachtens sinnvolleren Zwecken zugeführt werden.

Dieselben Eltern, die ihre Kinder nach solch logisch zwingenden Bedarfsvorgaben wie *„Ich kann nicht schön schreiben, wenn die Vorderseite in meinem Heft schon beschrieben ist!", „Ich will jetzt ein neues Heft, wie sieht das denn aus, wenn eine Seite schon 'rausgerissen ist", „Mit einem Füller mit dem Weißen Hai kann ich viel besser schreiben als mit dem grünen Füller"* mit neuen Schul- und Schreibutensilien ausstatten und ihren Kindern damit signalisieren, dass sie es für angebracht halten, sich der kommerziell gesteuerten Trendfrequenz zu unterwerfen, achten vielleicht wieder etwas genauer und vor allem regulativ auf ihren Nachwuchs, wenn der nicht mehr glaubhaft machen kann, das Biologie-Buch für 39,90 DM und den Weltatlas für 89,90 DM habe er so zerrissen und zerfleddert von der Schule erhalten. Gut erhaltene Schulbücher aus eigenem Besitz konnte man früher nach Beendigung des Schuljahres auch an Schülerinnen und Schüler der nachfolgenden Klassen verkaufen und sah auf der Stelle den Wert – oder auch den Verfall des Wertes! – in bar. Pfleglicher Umgang kann sich lohnen.
Ordnungsdienste und Sauberkeit einer Schule sollten ausdrücklich in der Zuständigkeit ihrer Schülerinnen und Schüler liegen.

Schwachen beistehen

Kennen Sie das? Sie bitten eine Schülerin zur Tafel und aus der Klasse tönt laut und vernehmlich eine coole Jungenstimme „Boah, hat die einen fetten Arsch!" Oder ein Junge mit altersbedingter Akne wird in Ihrer Gegenwart – girlies tun so etwas gern – verspottet: „Boah, der sieht ja aus wie ein Streuselkuchen!"

Nachdenkaufgaben für Lehrerinnen und Lehrer
In Ihrer Anwesenheit werden Kinder und Heranwachsende zum Gespött gemacht.
Welche Haltung nehmen Sie dann ein?
Was haben Sie bisher getan?
Was würden Sie gern tun?
Was könnten Sie als Kollegium darüber hinaus noch tun?
Die Hilfe für Schwache und Behinderte ist ein deutliches Postulat der großen Weltreligionen und als Option in die Verfassungscodici aller zivilisierten Gesellschaften eingegangen! Dulden Sie nicht länger, dass in Ihrer Gegenwart gegen Menschenrechte verstoßen wird!
Suchen Sie nach Beispielen in Ihrer Schule, wo diese Option selbstverständlich eingelöst wird! Sind Sie mit der Anzahl der gefundenen Beispiele und ihrer exemplarischen Wirkungsweise zufrieden?

Regeln akzeptieren

Anlässlich einer gemeinsamen Informationsveranstaltung von Grundschul- und Kindergartenleiterinnen erzählte eine Kindergartenleiterin:

„Wenn eine Mutter ihr dreijähriges Kind bei mir anmeldet, dann sieht das seit Jahren schon so aus: Die Mutter sitzt mir gegenüber und erzählt mir von ihrem Kind – und das beginnt, kaum hat es sich mit der Umgebung vertraut gemacht, mir meine Regale auszuräumen. Erst die Spielzeugkiste, dann meine Materialkiste, dann die Bücher – und ich koche vor Ärger. Und die Mutter sagt nichts. Und ich sage auch nichts. Ich denke, wenn ich jetzt was sage, meldet die ihr Kind woanders an. Und dann könnte sich herumsprechen, dass mein Kindergarten nicht kinderfreundlich ist!"

Quer dazu gedacht: Auch die neuen Kinder akzeptieren Regeln und verhalten sich innerhalb eines erlernten Regelsystems; allerdings sind es in Ermangelung klarer Vorgaben ihrer Sozialisationsagenten die Regeln, die sie durch Erfahrungslernen sicher und logisch erschlossen haben. Das oben beschriebene Kind tut aus seiner Sicht nichts Ungehöriges. Es kennt die Regel – „Wenn ich etwas sehe, was mich interessiert, darf ich mich nach meinem Gutdünken damit beschäftigen!" – und verhält sich entsprechend.

Im schulischen Kontext lauten solchermaßen erlernte Regeln etwa:

- Lehrbücher sind umsonst, die brauche ich nicht zu schonen.
- Wenn die Pause zu Ende ist, strömen wir alle gleichzeitig ins Schulgebäude.
- Wenn unser Lehrer in die Klasse kommt, ist das doch kein Grund, dass wir an unseren Plätzen sitzen.
- Lehrer reden ja nur, die machen ja nichts.
- Wenn einer ein körperliches Manko hat und ich mache mich darüber lustig, ernte ich Beifall.
- Wenn mich ein Lehrer zur Rede stellt, brauche ich nur zu sagen „Sie sind ja ein Kinderhasser" oder „Sie sind ja ausländerfeindlich!", dann knickt der ein und entschuldigt sich bei mir.

Nachdenkaufgabe für Lehrerinnen und Lehrer
Sind das die Regeln, nach denen auch Ihre Schülerinnen und Schüler handeln?
Können Sie diese unheilvolle Liste sogar ergänzen?
Die Beachtung welcher Regeln scheint Ihnen wichtig?
Und wie kommen Sie mit Ihren Kolleginnen und Kollegen darüber ins Gespräch?
Die Beantwortung dieser Frage ist sicherlich der erste und entscheidende Schritt auf dem Weg zur „Erziehenden Schule". Wenn in einem Kollegium nur eine einzelne Lehrperson oder nur eine kleine Gruppe von Kolleginnen und Kollegen das komfortable Regelsystem der Schülerinnen und Schüler stören möchte, wird diese es sehr schwer haben, wenn nicht gar an dem Vorhaben scheitern.
Kindererziehung gelingt, wenn die Erziehungsbotschaften an ein Kind klar und eindeutig sind. Pädagoginnen

und Pädagogen, die sich in entscheidenden Fragen beliebig verhalten, werden von ihrer Abnehmerschaft nicht ernst genommen.

Die neuen Kinder verlangen provozierend nach Begrenzung. Sie zeigen dies immer häufiger, indem sie deutlich Grenzen überschreiten. Für die Großzügigkeit des Wegsehens oder Übersehens erfahren die Sozialisationsagenten keine Wertschätzung, vielmehr werden sie verlacht („Weichei!", „Warmduscher!").

Aus der Beobachterperspektive wirkt es tragisch, wie sehr sich erwachsene Menschen in ausufernder Geduld und grenzenloser Zuwendungsfähigkeit in der festen Überzeugung einem kleinen Rotzlöffel widmen können, dass ihre Liebe ihm gut täte. Dabei brauchten sie nur einfach einen Punkt zu setzen!

Bei Fehlverhalten für die Konsequenzen eintreten

„Das war ich nicht!"
„Das können Sie mir gar nicht beweisen!"
„Ich habe ja gar nichts gemacht!"
„Immer ich!"
„Sie können mich doch sowieso nicht leiden!"
„Das tun Sie bloß, weil Sie ausländerfeindlich sind!"

So oder ähnlich lautet der Kanon höchst wirksamer Killerphrasen aus Schülerinnen- und Schülermund. Ergänzungen fallen jedem Lehrer und jeder Lehrerin ohne Anstrengungen ein. Unterlegt sind sie alle mit derselben Botschaft:

„Ich bin doch nicht so dumm und übernehme Verantwortung für etwas, was ich getan habe. Meine Erfahrung ist doch, dass sich immer ein bequemer Ausweg findet!"

Unterstützt wird diese Botschaft durch das ebenfalls positiv erlernte Regelwissen (vgl. vorherige Seite!), mit dem sich die jungen Leute bequem eingerichtet haben. Die Schülerinnen und Schüler der Gegenwart sind sich nicht bewusst, dass sie etwas Ungehöriges sagen. Im Mangel geeigneter Korrekturen, d. h. erzieherischer Interventionen, repetieren sie brav ihr positiv erlerntes Regelwissen. Im Gespräch mit Kriminalbeamten habe ich erfahren, dass jugendliche Straftäter, auf frischer Tat ertappt, in identische Rechtfertigungsphraseologien verfallen. Mit dem Diebesgut unter dem Arm behaupten sie im Brustton der Überzeugung, sie hätten doch gar nichts gemacht!

Eltern, angesprochen auf diese Abwiegelungsstrategien ihrer Kinder übernehmen deren Argumentation auf der Meta-Ebene!

„Und wieso soll das wieder unserer gewesen sein?

„Fragen Sie doch mal den Torsten! Immer haben Sie unseren Dustin auf dem Kieker."

„Sie brauchen einen Sündenbock, und unser Kevin soll es wieder gewesen sein!"

„Nehmen Sie das doch nicht so ernst! Das hat der doch nur aus dem Fernsehen abgeguckt!"

„Ich will ja gar nicht behaupten, dass unser Sven ein Engel ist! Aber wieso verdächtigen Sie eigentlich nie das Früchtchen von der Frau Eckstein, der – ich kann Ihnen sagen ...!"

Sehr geehrter Herr Schneider!
Ich, Frau Marianne Kleinschmidt, möchte gern von Ihnen wissen, was Sie gegen meinen Sohn Sven haben. Dass Sven in der Klasse rumkaspert, weiß ich. Ich möchte gern von Ihnen wissen, warum Sven eine Macke haben soll. Es ist kein Verbrechen, mit 15 Jahren noch in der 6. Klasse zu gehen. Sollten Sie es noch einmal wagen, meinen Sohn zu beleidigen, kommt mein Mann persönlich vorbei. Dann werden wir schon sehen, wer eine Macke hat.

Hochachtungsvoll
Frau Marianne Kleinschmidt

(Originalbrief an einen Hauptschullehrer in Hamm; Namen geändert)

Nachdenkaufgabe für Lehrerinnen und Lehrer

Was tun Sie in solchen Momenten?

Werden Sie wütend, ärgerlich, ängstlich?

Spüren Sie, dass Sie sich an der Schwelle zu einem Machtkampf befinden, dessen Eskalation Sie sogar provozieren?

Oder fürchten Sie den Machtkampf und die Eskalation so sehr, dass Sie sich lieber zurückziehen?

Nehmen Sie dafür lieber in Kauf, dass ein geschädigtes Kind nicht in den Genuss eines gerechten Schadensausgleichs kommt?

Was würden Sie in solchen Situationen am liebsten tun?

Wünschen Sie sich auch Unterstützung?

Welche und von wem?

Was Sie in solchen Momenten benötigen, ist Sicherheit im Auftreten und große innere Ruhe, mit der Sie ihren kleinen Delinquenten mitteilen: „Nein, mein Kind, so einfach mache ich es dir nicht. Du hast etwas angerichtet! Mach es wieder gut! Ich bin auf der Seite des Geschädigten!"

Was in Schulen machbar ist

*Killerphrasen und Totschlagargumente demontieren –
Handlungskonzepte entwickeln*

Perspektivenwechsel und Aktivierung der Professionalität

Auf Fortbildungsveranstaltungen zu schulinterner Gewaltprävention sprechen viele Kollegien in großer Einmütigkeit darüber, dass sie sich im Umgang mit ihren schwierigen Schülerinnen und Schülern sehr allein gelassen fühlen. So leicht es auch ist, Konsens darüber herzustellen, dass Kindheit heute anders verläuft als früher, so komplex und kompliziert ist die Umsetzung der Erkenntnis, dass daraus Veränderungen für die eigene tägliche Praxis als Lehrerin oder Lehrer entstehen.

In den Berichterstattungen über schulische Vorkommnisse vibrieren die Gefühlslagen wie auf einer Triangel: Eine Seite schwingt in der Darstellung des Entsetzlichen, das man sich bieten lassen muss, auf der zweiten Seite bebt das Ostinato „Diese Kinder behindern mich in der Ausübung meines erlernten Berufes und keiner tut etwas", und die dritte Seite klingt in den Modulationsfähigkeiten leise oder laut „Und sage jetzt bloß niemand, die Verantwortung dafür läge bei mir!" Gang und gäbe ist, dass sich Kolleginnen und Kollegen in solchen Subsumierungen gegenseitig verstärken:

🎯 Mutlose Lehreräußerungen

„Was deine 8b sich heute wieder alles erlaubt hat!"

„Und so was müssen wir uns bieten lassen! Was müssen wir uns denn noch alles bieten lassen!"

„Und wenn du dich einsetzt, dann bist du noch der Doofe!"

„Seit ich mitgekriegt habe, wie diese Sozial-Fuzzis vom Jugendamt mit unserem Kevin Kessler vorgehen, mache ich gar nichts mehr!"

„Fortbildung? – Ich sage euch eins: Jeder von diesen Fortbildungsexperten sollte mal in meine 7c, damit er mal was lernt! Dann vergeht dem seine Fortbildung!"

„Ich warte nur noch auf meine Pensionierung. Und die, die nach mir kommen, haben alle mein Beileid!"

Und mit wohlwollender Zuwendung an die Fortbildnerin: „Das kommt auch alles noch viel schlimmer! Glauben Sie einem Praktiker!"

Um keine Missverständnisse aufkommen zu lassen:
Die Falldarstellungen der Lehrerinnen und Lehrer geben wahre Begebenheiten wider! Erziehungsdefizite, die sich in Vulgärsprache, Vordrängeln, Schreien, Brüllen, Spucken, Rülpsen präsentieren, sind Realität an allen Schulformen. Gewalttätigkeiten wie Schlagen, Würgen, Treten, Randalieren, Erpressen, Beschimpfen, Demütigen und Schikanieren finden täglich statt. *Die psychischen Belastungen, die Lehrerinnen und Lehrer und auch die Schulkinder durch vielerlei Vorkommnisse davontragen, sind erheblich.*
Fallbeschreibungen von Kindern an Schulen, die außer Rand und Band sind, geben Stoff für unendliche Geschichten. Die Beschreibungen, die ich in Beratungs- und Fortbildungssituationen erhalte oder selbst jüngsten Pressemeldungen entnehme, decken sich mit meinen eigenen Erfahrungen.
Allerdings ist für mich auch das Maß an Hilflosigkeit so erschreckend, mit der sich professionelle Pädagoginnen und Pädagogen (immerhin erfahrene, erwachsene Menschen!) der Angriffslustigkeit der jungen Kindern und halberwachsenen Jugendlichen aussetzen! Wer denn sonst soll eigentlich einschreiten und den

Kindern spiegeln und klarmachen, was sie da ständig anrichten und verbocken, wenn nicht die erwachsenen, erfahrenen Menschen, die von Berufs wegen Pädagoginnen und Pädagogen sind?

Ich widerspreche definitiv der normativen These, dass alles, was die Schulen aus dem Zustand von Nicht-mehr-weiter-wissen und Resignation herausholen könnte, „ja sowieso nicht geht". Ich habe im Rahmen meiner Arbeit häufig erfahren, dass manchmal gerade eine Nachbarschule nur wenige Kilometer weiter eine Facette dessen, was hier „sowieso nicht geht", dort erfolgreich praktiziert.

Darum ist mein erster Rat an alle Schulen, dass sie mit ihren vielfältigen Erziehungsproblemen den Zustand der Diskretion verlassen sollten, in denen jeder einzelne glaubt, er müsse etwas leisten, dulden und ertragen, was kein einzelner leisten, dulden und ertragen kann, ohne damit gleichzeitig ein Krankheitsrisiko einzugehen! Es ist dringend an der Zeit, sich für alle sichtbar in offener Aussprache den Problemen zu stellen, sie aus verschiedenen Sichtweisen zu betrachten und transparente Klärungen herbeizuführen:

- **Ein Perspektivenwechsel ermöglicht kreative Denkprozesse.**

- **Neue Denkprozesse motivieren zu neuem Durchstarten.**

- **Neues Durchstarten kann z. B mit der Entwicklung eines Handlungskonzeptes eingeleitet werden, das jedem Lehrer und jeder Lehrerin an der Schule vertraut ist und dessen Praktikabilität überprüft wird!**

Wenn ich so argumentiere, finden ungläubiges Erstaunen, Angst vor Veränderung und unwillige Abwehr ihren Ausdruck in Äußerungen wie diesen:

● Killerphrasen

- *„Wie soll das denn gehen!"*

- *„Wir sind doch Lehrerinnen und Lehrer, wir sind doch keine Sozialarbeiter!" „Wir sind doch keine Therapeuten!" „Wir sind doch keine Polizisten!" „Wir brauchen doch für jedes zweite Kind hier einen Psychologen!"*

- *„Wir können doch nicht aufarbeiten, was die Eltern versäumt haben!"*

- *„Die da oben sollen uns erst mal besser bezahlen oder besser ausstatten oder kleinere Klassen geben, bevor die von uns wieder etwas Neues verlangen!"*

- *„Mit uns kann man es ja machen, wir sind doch die Prügelknaben der Nation!"*

- *„Ja, wenn wir nur deutsche Kinder in den Klassen hätten, ginge das ja vielleicht alles, aber wir haben doch so viele Ausländer und Aussiedler!"*

- *Und schließlich (sehr beliebt!): „Das geht doch alles sowieso nicht!"*

Mit solchen Aussagen manövrieren sich Lehrerinnen und Lehrer in eine Sackgasse. Es sind Killerphrasen. Wenn ich sie als Killerphrasen bezeichne, werte ich damit ihre Bedeutung: Sie besitzen einen subjektiven Wahrheitsgehalt, und die Kolleginnen und Kollegen, die sie aussprechen, senden subjektiv eine ernst zu nehmende Botschaft. Sie sprechen aus den Erfahrungen eines langen Berufslebens. Sie fühlen sich allein gelassen. Sie wissen nicht mehr weiter.

Aber: Für den pädagogischen Diskurs auf der Suche nach Lösungen sind Killerphrasen ungeeignet!

Sie sind aussschließlich geeignet, ein notwendiges Gespräch über einen schwierigen Fall in Resignation enden zu lassen oder ein Thema abzuwürgen. Die Bedeutsamkeit der gängigen Killerphrasen wird üblicherweise unterstützt durch selbstbewussten Vortragsstil und abwehrende Körpersprache. Dadurch wird es den Gesprächsbeteiligten zusätzlich erschwert, beim Thema zu bleiben.

Mit ihrem Hinweis „Da müssen erst mal andere ran, da bin ich doch nicht zuständig!" negieren die Kolleginnen und Kollegen, die ihn vorbringen, allerdings ihren Erziehungsauftrag, den sie als Beamte und Angestellte ihrer Schulbehörden zusammen mit ihrem Bildungsauftrag an Schulen besitzen!

Und meistens befinden sie sich keineswegs in einer ausweglosen Lage. **Sie benötigen veränderte Perspektiven auf ihr Alltagshandeln, dazu etwas Aktivierung vorhandener Professionalität und Kompetenz; beides führt zu veränderten Einsichten und Erfolgen.**

Killerphrase I:
„Wir sind doch Lehrer und keine Therapeuten oder Polizisten ..."

Ja! Es ist die Aufgabe von Lehrerinnen und Lehrern zu lehren und nicht zu therapieren oder zu ermitteln und zu fahnden. Das können andere wirklich besser! Auch die Tätigkeiten von Sozialarbeitern und Psychologen dürfen Sie den Berufsgruppen überlassen, die gelernt haben, was sie tun – obwohl es hier durchaus Schnittmengen gibt. In dem Argument tritt allerdings auch das Bedürfnis nach Entlastung zutage, das aus Überlastungserlebnissen der letzten Jahre hervorgegangen sein mag.

Niemand erwartet von der Schule, dass sie die Aufgaben und Arbeitsbereiche anderer Berufsgruppen übernimmt. Aber: Dass Lehrerinnen und Lehrer störungsfrei ihrer Berufstätigkeit nachgehen können, darum sollten sie sich auch selbst kümmern und die Regulierung ihrer Probleme nicht von anderen erwarten.

Es gibt eine Vielzahl von Beratungsinstituten in den Schulämtern (z. B. RAA/Regionale Arbeitsstellen zur Förderung von Kindern und Jugendlichen aus Zuwandererfamilien, Schulpsychologische Beratungsstellen) und in den Jugendämtern (Erziehungsberatungsstellen, Familienhilfe, Kinderbüros, Fachstellen für Sexuellen Missbrauch), auch bei der Polizei (Kriminalkommissariat Vorbeugung) oder den Sozialämtern (Fachstellen für Obdachlosenhilfe/Ausländerkoordination, Fachstellen für die Betreuung von Spätaussiedlern und asylbegehrenden Ausländern, Ausländerbeauftragte) und in den Gesundheitsämtern (Gesundheitsschutz, Umweltmedizin, Gesundheitsförderung, Psychosozialer Dienst), zu deren Auftrag es auch gehört, im Bereich der Schnittstelle zur Schule zu arbeiten, zu kooperieren und sie zu unterstützen. Alle, die in diesen Unterstützungssystemen arbeiten, beklagen, dass sich die Schulen zu spät an sie wenden – und dann Wunderdinge erwarten, nämlich die Beseitigung von manchmal seit Jahren schwelenden Problemen binnen weniger Tage.

Warum nutzen Lehrerinnen und Lehrer nicht zu ihrer eigenen Entlastung die Erfahrung von Beraterinnen und Beratern zur Erstellung einer fundierten Anamnese, einer umfassenden Diagnose und der Erstellung eines Erziehungsplanes, der auch die Eltern einbezieht?

Einer sehr verbreiteten Vorstellung entspricht diese Haltung:

„Beratungsstelle, aha, ein Reparaturbetrieb! Da gebe ich das kleine Monster mit spitzen Fingern ab. Wenn die den Fehler finden und beseitigen, bin ich zufrieden. Wenn die das auch nicht können, habe ich den Beweis: An mir liegt es nicht.“

Quod erat demonstrandum!

Expertenschaft gewinnen durch Vernetzung!

Für Lehrerinnen und Lehrer, die vor schwierigen Fällen nicht die Augen verschließen wollen, empfiehlt sich eine **Lösungssuche durch Vernetzung**.

Vernetzung kann bedeuten: Vertreter und Vertreterinnen von Institutionen, die im Umfeld der Schule mit Kindern und Jugendlichen arbeiten, kommen regelmäßig an einem „Runden

Tisch" zusammen, finden Interesse aneinander, stellen fest, dass sie sich bisher auch schon in ihrer Arbeit nahestanden, ohne sich persönlich zu kennen, sie **definieren ihr gemeinsames Interesse und beschließen Kooperation**.

Kooperation bedeutet

- gemeinsames Vorgehen abstimmen zu können, z. B. in Helferkonferenzen
- neue Möglichkeiten zu entdecken und andere Wege gehen zu können
- kurze Dienstwege, denn der Lehrer braucht nicht mehr anonym beim Sozialamt anzurufen, sondern gezielt beim Sozialarbeiter, dessen Durchwahl, Bürozeiten und Zuständigkeiten er inzwischen kennt
- regelmäßige Treffen mit der Möglichkeit gemeinsamer Fallberatung, die rechtzeitige Prävention wie akute Krisenintervention zulässt
- gemeinsame Projekte und Veranstaltungen zu planen und durchzuführen, z. B. Elternabende, Schulhofverschönerungen, Konflikttrainings usw.
- gemeinsam an Fortbildungsmaßnahmen teilzunehmen, die wiederum gemeinsame Kompetenzerweiterung ermöglicht, z. B. Verhaltenstrainings, Supervisionen, Zukunftswerkstatt usw.

Es kann sinnvoll sein, dass sich ein „Netzwerk Erziehungshilfe" in vierwöchentlichem Abstand trifft und Fallberatungen durchführt. Netzwerke oder Helferkonferenzen an Schulen heißen auch manchmal „Runder Tisch" oder „Kooperationsverbund" oder „Ausschuss". Sie können sich auf die Arbeit mit einer Klasse, einem Jahrgang, einer Stufe oder einer ganzen Schule beziehen; manchmal tagen sie unter der Regie eines

Lehrers oder einer Lehrerin; manchmal ist die Leitung der Schulleitung persönlich ein Anliegen. In jedem Fall ist es von Gewinn, wenn auch Eltern für die Mitarbeit gewonnen werden können, weil sie wichtige Multiplikatoren sind!

Fallbeispiel 1

Mehmet Sahin ging in die 7. Klasse einer Hauptschule und fiel seinem Klassenlehrer durch abweichendes Verhalten auf, das sich nicht allein durch pubertäre Altersspezifik erklären ließ. Der im 5. Schuljahr wache, lernbereite und aufgeschlossene Junge war seit einigen Wochen verschlossen, unmotiviert, schon bei minimalen Anlässen leicht aufbrausend und Mitschülern gegenüber körperlich aggressiv. Er gab Leistungstests auch in den Hauptfächern in einer Weise ab, dass für alle in der Klasse unterrichtenden Lehrerinnen und Lehrer klar war:

1. Der Junge hat sich nicht einmal in die Aufgabenstellungen eingedacht, sonst hätte er auch ohne Lernanstrengung in den letzten Wochen etwas wissen müssen.
2. Er hat offensichtlich Probleme, von denen wir nichts Genaues wissen.
3. Wenn er nicht bald „die Kurve kriegt", können wir ihn nicht versetzen.

Mehmet war seinem Lehrer nicht egal. Der versuchte immer wieder, durch Gespräche an den Jungen heranzukommen. Mehmet verhielt sich im Einzelgespräch unsicher, bestätigte seinen Lehrer in seinen Wahrnehmungen, vermied aber eisern jeden Hinweis auf eine Erklärung für seine aggressive Grundhaltung und seinen Leistungseinbruch.

Am Elternsprechtag erschien Mehmets Vater nicht wie sonst üblich; zufällig erfuhr Mehmets Lehrer aber im Gespräch mit einem Nachbarn der Familie, dass bei den Sahins ja nichts mehr in Ordnung wäre, seit der Vater seine Gefängnisstrafe von vier Jahren absitzen müsste. Die Mutter wäre allein mit fünf Kindern, alle jünger als Mehmet, drei Brüder, zwei Schwestern.

Mehmets Lehrer wusste, dass Frau Sahins Deutsch für ein Gespräch mit ihm nicht ausreichte.

Fallbeispiel 2

Im selben Block wie Familie Sahin wohnte Sonja Schulte. Sie ging in Klasse 9 derselben Schule. Sie fiel ihrer Lehrerin schon lange durch ihre Korpulenz, ihre apathische Grundhaltung und die Trostlosigkeit in ihren Augen auf. Sonja ließ sich immer alles gefallen. Sie wehrte z. B. grenzüberschreitende Handgreiflichkeiten der Jungen nur unzureichend ab.

Sonjas Lehrerin fühlte, dass Sonja ein Opfer sexuellen Missbrauchs sein könnte. Sie war sich ihrer Verantwortung bewusst. Nach drei Anrufen beim Jugendamt wusste sie nicht mehr weiter. Sie erfuhr nur, dass die zuständige Sozialarbeiterin außer Haus wäre. Bei einem Anruf beim Kinderschutzbund wurde sie an eine Hilfsorganisation für misshandelte Mädchen und Frauen weiter empfohlen. Durch ihren Anruf bei „Wildwasser" erfuhr sie, dass die Betroffene sich idealerweise selbst Hilfe holen sollte. Sonjas Lehrerin fragte sich, ob sie die Polizei einschalten sollte und verwarf den Gedanken wieder.

Sie hatte das Gefühl: Es gibt so viele Stellen und keiner tut was!

Was kann Vernetzung in diesen Fällen bewirken?

- Im Fall Mehmet Sahin stattete sein Lehrer zusammen mit einem türkisch sprechenden Mitarbeiter der RAA in der Familie Sahin einen Hausbesuch ab. Bei der Gelegenheit erfuhr er, dass Mehmets Mutter in ihrem ältesten Sohn für die Dauer der Abwesenheit ihres Ehemannes den Ersatzvater für ihre jüngeren Kinder sah.

- Die Ehre, Vaterersatz zu sein, war für Mehmet eine Bürde. Sie stellte ihn vor unlösbare Aufgaben. Seine Mutter machte ihn für jeden Misserfolg in der Entwicklung ihrer jüngeren Kinder verantwortlich. Der 12-jährige Burhan war wegen mehrfachen Ladendiebstahls bereits polizeibekannt, die 9-jährige Fatma hatte Probleme in der Grundschule bekommen, weil die Mutter sie im Haushalt und zur Betreuung der kleinen Geschwister einsetzte. Es überforderte Mehmet, Burhan nach den Erwartungen seiner Mutter abzustrafen, wie sein Vater es tun würde. Es überforderte ihn auch, angesichts eigenen schulischen Versagens seiner Schwester bei der Überwindung ihrer Misserfolge beizustehen.

- Nach dem Hausbesuch fasste Mehmet Vertrauen zum Klassenlehrer und sprach über die großen Belastungen, die er durch seine unfreiwillige Rolle in der Familie bekommen hatte.

- Mehmets Lehrer sprach Fatmas und Burhans Lehrerinnen an. Zusammen beriefen sie eine Helferkonferenz ein, an der weitere Lehrerinnen und Lehrer der Kinder, eine Kollegin der Familienhilfe, der RAA-Mitarbeiter, ein Mitarbeiter des Jugendzentrums sowie eine Mitarbeiterin des Stadtteilzentrums teilnahmen.

  So sah der abgestimmte Hilfeplan für die Familie aus:

  - Die Mutter erhielt die Information, dass es im Stadtteilzentrum wöchentlich einen offenen Treff für türkische Frauen gibt. Dort konnte sie Unterstützung in vielen Alltagsfragen bekommen.

  - Fatma konnte entlastet werden, weil es im Stadtteil einen Hort zur Kinderbetreuung gab, von der ihre Mutter bisher nichts wusste

  - Die Familienhilfe des Jugendamts konnte Frau Sahin in Erziehungsfragen beraten.

  - Allen Beteiligten war klar, dass Burhans Klauereien die Bedeutung hatten, auf seine eigene Not aufmerksam zu machen.

  - Weil das Problem inzwischen offen kommuniziert wurde, konnte der Lehrer Mehmet in seiner Rolle als großer Bruder beraten. Er spiegelte ihm seine Wertschätzung für die beachtliche Verantwortung, die der Junge für seine Familie übernahm. Das half, Mehmets Kopf zu „befreien". So konnte er sich wieder eigenen Schulerfolgen widmen.

- Im Fall Sonja Schulte konnte die inzwischen persönlich bekannte Sozialpädagogin aus der Abteilung Jugendschutz des Jugendamtes der Lehrerin mitteilen, dass sie auch aus der Nachbarschaft der Familie Schulte Hinweise auf tiefgehende familiäre Zerrüttung erhalten hatte, dass das Jugendamt bisher aber noch keine Ansatzpunkte besäße.

- Gemeinsam riefen sie an der Schule eine **Mädchengrup-pe** ins Leben zu, wo behutsam über altersspezifische Probleme, familiäre Belastungen und sexuelle Übergriffe gesprochen werden konnte, denn in anderen Klassen waren noch weitere Schülerinnen als Symptomträgerinnen bekannt.
- Zwecks Kompetenzerweiterung bezogen sie in ihre Beratungen noch eine weibliche Kriminalpolizistin und eine Sexualberaterin der AWO hinzu.
- Die regelmäßigen Gruppensitzungen an der Schule in Begleitung warmherziger, verstehender Frauen machten den Mädchen Mut, sich zu öffnen und anzuvertrauen.

Stellen, die sich für die Mitarbeit in einem Netzwerk für Gewaltprävention eignen:

Nachbarschulen/RAA (Regionale Arbeitsstelle zur Förderung von Kindern und Jugendlichen aus Zuwandererfamilien)/Schulpsychologische Beratungsstellen/Drogenberatungsstellen/Kommissariate Vorbeugung bei der Polizei/Mitarbeiter und Mitarbeiterinnen fast aller Abteilungen der Jugendämter/die Kinderbeauftragte der Städte/Mitarbeiterinnen und Mitarbeiter verschiedener Abteilungen der Sozialämter/Kirchen/Elterninitiativen/Politikerinnen und Politiker aller Parteien der Ratsfraktionen/Streetworker/Sportvereine/Berufsbildungswerke

---

Persönliches Kennen der Netzwerk-Mitglieder, bzw. der Beteiligten ihrer Helferkonferenzen erleichtert den Schulen die frühzeitige Kontaktaufnahme wegen eines Problemkindes. Sie ist so wirksam wie früher das Gespräch über den Gartenzaun in einer intakten Dorfstruktur.

Erfahrungen belegen, dass Lehrerinnen und Lehrer aus nachvollziehbaren Schwellenängsten diese wichtige Kontaktaufnahme vermeiden:

„Und wenn die dann herausfinden, dass ich mit meiner Vermutung falsch lag, bin ich die/der Blamierte!"

Kein Lehrer und keine Lehrerin muss alles können und alles wissen!

Nehmen Sie die Möglichkeit wahr, sich unverbindlich beraten zu lassen. Sie stellen damit Ihr Engagement und Ihr Problembewusstsein heraus; das blamiert Sie nicht; das ist für den Berater oder die Beraterin der anderen Institution höchstens ein Hinweis auf Ihre ausgeprägte Professionalität!

Netzwerke sollten übersichtlich bleiben, damit sie nicht zu Labyrinthen verkommen!

Methodische Vorgehensweise, um die Kooperation eines Netzwerkes herzustellen

Knüpfen Sie Ihr Netz wie eine Spinne! Sie haben einen konkreten Fall. Knüpfen Sie einen Gesprächsfaden zu einer Kontaktperson in Ihrer Stadt, die Ihnen professionell eingearbeitet und daher geeignet erscheint. In Frage kommen vielleicht
– der zuständige Bezirkspolizist

- ein (ausländischer) Sozialarbeiter
- eine Medienberaterin der Stadtbildstelle
- oder eine Ärztin des Gesundheitsamtes mit der Fachrichtung Psychiatrie

Sie treffen sich, tragen ihren konkreten Fall vor, beratschlagen miteinander, erhalten einen Eindruck voneinander und entwickeln die Idee, in regelmäßigen Abständen zusammenzukommen, um in einem Expertengremium über Fälle an der Schule zu sprechen, für die Sie Ihre eigene Professionalität als Lehrer nicht ausreichend halten. Vielleicht fällt Ihnen beiden im Gespräch die neue Mitarbeiterin der Schulpsychologie ein, über deren Tätigkeitsbericht kürzlich ein Artikel im Lokalteil Ihrer Tageszeitung stand, und „ach ja, in unserem Viertel gibt es doch eine Streetworkerin" – „... und der Kinderbeauftragte!" – „oder der Pfarrer von St. Agatha!"
Wenn Sie türkische Schülerinnen und Schüler an der Schule haben, ist es eine gute Idee, einen Moscheevertreter hinzu zu bitten – oder ein Mitglied des Alevitischen Vereins.
Sie stellen zunächst einen Telefonkontakt her und machen ein gemeinsames Treffen an Ihrer Schule aus – mit Tagesordnung:
1. Anlass des 1. Gemeinsamen Treffens: Darstellung durch einen Vertreter der Schule
2. Vorstellungsrunde: Inwieweit können die Geladenen das Anliegen/das Erziehungskonzept der Schule unterstützen?
3. Absprachen für Folgetreffen
   Wer lädt ein? Tagungsort? Wie kommt eine Tagesordnung zustande? Protokoll? Usw.
Nach dem ersten Treffen werden sich Folgetreffen ergeben; ihre Themen definieren sich durch Eigendynamik!

Killerphrase 2:
„Wir können doch nicht aufarbeiten, was in den Elternhäusern versäumt worden ist!"

Lehrerinnen und Lehrer können die Erziehungsdefizite der Elternhäuser nicht kompensieren und beileibe nicht Vater und Mutter ersetzen. Es ist auch richtig, dass die Schule die Ursachen für Gewalt zunächst nicht selbst erzeugt: Die Risikofaktoren kommen aus den Herkunftsfamilien (vgl. Olweus). Angesichts dieser Risiken kann sich das Verhalten der Schule allerdings eskalierend oder deeskalierend auswirken!

Jedoch ist es auch wahr, dass Lehrerinnen und Lehrer, seit es Schulen gibt, noch niemals Schülerinnen und Schüler hatten, die stromlinienförmig in ein pädagogisches Einheitskonzept passten. „Schwierige Schüler" galten von jeher als Herausforderung.

Lehrerinnen und Lehrer sind pädagogische Fachkräfte und werden von den Eltern, die pädagogische Laien sind, als Fachleute angesehen, von denen sie sich erzieherischen Beistand erhoffen. Mit Recht wenden die Kolleginnen und Kollegen heute ein, das habe nie zu ihrer Ausbildung gehört. Doch zu Unrecht reklamieren sie, diesen Mangel an Ausbildung perpetuieren zu dürfen.

Das Gebiet „Schulpädagogische Interventionstechniken" ist ein großes Aufgabenfeld, das in schulinterner und schulexterner Lehrerfortbildung zu bearbeiten ist.

Gesprächs- und Beratungskompetenz verbessern

Jeder Lehrer und jede Lehrerin sollte Kompetenzen in professioneller Gesprächsführung besitzen. Keine Lehrkraft bestreitet, dass Beratungsgespräche, Konfliktgespräche und Schlichtungsgespräche zu ihrem schulischen Alltagshandeln gehören. Doch nur wenige wissen, wie es richtig geht! Beratungsgespräche im weitesten Sinne sind in der Schulpraxis trotz bester Absichten häufig von derart laienhafter Qualität, dass es nicht verwundert, wenn Schülerinnen und Schüler zu folgenden Schlüssen kommen:

„Mit dem Bratbäcker und der Faltermeier ist nicht zu reden!"

„Da kommst du nicht zu Wort – der textet dich zu!"

„Der hat seine vorgefasste Meinung!"

„Die nimmt dich nicht für voll!"

Gleiche Klagen kommen von Eltern, die an Elternsprechtagen ähnliche Erfahrungen machen; auch sie vermissen Wertschätzung, die sich u. a. durch die Vorgabe eines unzureichenden zeitlichen Rahmens ausdrückt:

„Bei der Beckermeier bist du schneller wieder draußen, als du reingekommen bist!"

ist eine übliche Klage, die nach Elternsprechtagen unter Müttern und Vätern kursiert.

Grundsätze gelungener Kommunikation – Aktives Zuhören, Fragetechniken, Durchführung von Brainstormings, Analyse von und Einstellung auf Körpersprache – sowie Basiswissen über das Wesen und Entstehen von Konflikten und wie sie zu händeln sind, ohne dass sie zur Eskalation kommen, sollten als Pflichtübungen in einem zeitgemäßen Fortbildungsplan der Lehrerkollegien erscheinen.

Der Verbesserung individueller und kollektiver Kompetenzen in Lehrerkollegien wäre sehr gedient, wenn Metagespräche über Entspannungsstrategien oder Analysen persönlicher Wutzonen möglich wären. Kollegiale Fallberatungen sollten in die to-do-Liste jeder Schule eingehen; denn institutionalisierte Gesprächskultur verbessert die Atmosphäre und fördert die Handlungsfähigkeit einer Schule!

Durchführung eines Beratungsgespräches

So kann ein Beratungsgespräch in sechs bis acht Schritten gestaltet werden:

Ausgangslage:
Ein Schüler oder eine Schülerin, ein Kollege oder eine Kollegin, ein Vater oder eine Mutter wünscht beraten zu werden.

1. Schritt: Aktives Zuhören
Die Perspektive des Schülers/der Schülerin, des Kollegen/der Kollegin, des Vaters/der Mutter aktiv anhören, nicht unterbrechen, ggf. Notizen machen.

Mutter:

Meine Tochter ist 13 1/2 Jahre alt und hat einen türkischen Freund. Ich mache mir solche Sorgen, weil sie sich so verändert hat. Nicht, dass Sie denken, dass ich was gegen Ausländer habe. Darum geht es nicht. Er ist schon 19, verdient eigenes Geld und ich komme um vor Angst, weil mein Kind wie ausgewechselt ist, wenn er vor der Tür steht. Wenn er wenigstens mal zu uns hereinkommen würde. Meine Tochter sagt, ich soll mich nicht so anstellen."

2. Schritt: Affirmieren

„Das sehe ich übrigens genauso wie du."
„In folgenden Punkten bin ich genau Ihrer Meinung ..."

Beraterin:

„Dabei kommt es Ihnen so vor, als sei es gerade erst gestern gewesen, dass Ihre Tochter noch Ihr Baby war! Ihre Sorgen wegen des Umgangs ihrer Tochter verstehe ich wirklich gut. Mit der Herkunft des jungen Mannes hat das nichts zu tun. Ihre Tochter ist so unerfahren!"

3. Schritt: Nachfragen

„Mir ist unklar geblieben, ..."
„Was war deine/Ihre Absicht, als ..."

Beraterin:

„Etwas möchte ich von Ihnen gern noch erfahren: Sie sagen, Ihre Tochter will Ihnen nichts Näheres über den jungen Mann erzählen: Haben Sie von sich aus schon Informationen gesammelt?"

Mutter:

„Das ist doch das Schlimme, ich traue mich kaum noch raus. Im Supermarkt, beim Friseur, letztens auch beim Straßenfest sprechen mich die Nachbarinnen an, ob ich denn wüsste, dass meine Lisa … – und immer mit dem Unterton: das kannst du doch wohl nicht zulassen, dass deine Tochter mit so einem … – und ich traue mich nicht nachzufragen, was sie damit meinen!"

Beraterin:

„Sie würden also sehr gern Näheres über den Freund Ihrer Tochter wissen! Was hindert Sie denn, ihn selbst anzusprechen?"

Mutter:

„Meine Tochter! Die will nicht, dass ich mit ihm rede! Ich habe ihr gesagt, warum kommt Murat denn nicht herein, wenn er dich abholt? Dann sagt sie schnippisch: ‚Das hättest du wohl gern, was?' und verschwindet. Dann habe ich solche Mühe, ihr noch nachzurufen, sie soll um 8.00 Uhr zu Hause sein und dann –" (sie weint)

4. Schritt: Loben

„Das hat mir gut gefallen …!"

„Auf dem Gebiet hast du/haben Sie echte Fortschritte gemacht!"

„Das finde ich beachtlich!"

„Also, wie Sie das gelöst haben, Frau Müller-Meier, das macht Ihnen so schnell niemand nach!"

Beraterin:

„Frau Krämer, Sie sind eine gute Mutter. Sie wünschen Ihrem Kind alles Glück der Welt. Sie spüren, dass sie jetzt in einer ganz wichtigen Entwicklungsphase ist. Das Glück, dass Ihre Tochter empfindet, gönnen Sie ihr von Herzen. Und nichts ist so wichtig wie die gute Beziehung zu Ihrer Tochter."

5. Schritt: Optimieren

„Jetzt möchte ich dich auf etwas hinweisen, wo du noch an dir arbeiten kannst!"

„Darf ich Ihnen noch einen guten Rat geben? Hier können Sie Ihr Verhalten noch optimieren!"

Beraterin:

„Darf ich Ihnen einen Rat geben? Ihre Tochter ist doch erst 13 – und wenn Ihnen Ihr Gefühl sagt, dass da etwas nicht stimmt, dann trauen Sie sich und diesem Gefühl! Lassen Sie Ihre Tochter nicht mit schnippischen Bemerkungen auf den Lippen davonkommen! Zwingen Sie sich und Sie zu einem Gespräch! Das wird anstrengend für Sie beide. Das dürfen Sie sich aber beide nicht ersparen!"

6. Schritt: Konfrontieren

„An einem Punkt möchte ich noch nachfragen – geht das jetzt?"

(Sich zu vergewissern, ob es geht, kann wichtig sein, wenn Tränen im Spiel sind, die Schuldgefühle beim Berater oder bei der Beraterin auslösen!)

„Das sollten Sie künftig vermeiden … !"

„So etwas darf nicht passieren … !"

Beraterin:

„Was mir an diesem Fall eher Sorgen macht, ist nicht, dass es Ihre 13-jährige toll findet, einen älteren Freund zu haben. Das finde ich eher normal. Ich wundere mich, dass Sie es sich nicht zutrauen, Ihre minderjährige Göre zu begrenzen! Das Mädchen nimmt sich Freiheiten heraus, die ihr gar nicht zustehen! Eine Dreizehnjährige ist materiell und emotional von ihren Eltern abhängig. Warum kann die Ihnen denn einfach davonlaufen, ohne Ihre Fragen zu beantworten? Und wenn Sie mit Murat sprechen wollen: Warum müssen Sie denn dafür die Erlaubnis Ihrer Tochter haben?"

Mutter:

(schluckt, schweigt, denkt nach) „Ich habe immer gedacht, meine Tochter soll alle Freiheiten haben ... wenn ich ihr so viel wie möglich erlaube, erhalte ich ihr Vertrauen zu mir."

Beraterin:

„Das denken viele Eltern! Leider geht diese Rechnung nicht auf. Das Vertrauen ihrer Kinder erhalten Sie, wenn sie klar und deutlich und eindeutig sind – und dies auch in der Begrenzung. Das fordern Kinder von Ihnen – von klein auf. Überlegen Sie, wie Sie Ihrer Tochter Ihre Grenzen zeigen können!"

7. Schritt: Vereinbarungen
Beispielsweise einen neuen Gesprächstermin

Beraterin:

„Jetzt möchte ich mit Ihnen noch verabreden, wie Sie Ihre Tochter konkret begrenzen können. Gleich, wenn Sie nach Hause kommen und Ihre Tochter antreffen, was tun Sie dann?"

Mutter und Beraterin üben im Rollenspiel.

8. Schritt: Reflektieren

„Wie haben Sie unser Gespräch erlebt?"
„Was war für Sie hilfreich/interessant/förderlich?
Gab es etwas, was für Sie/dich jetzt schwierig/verunsichernd/unbefriedigend ist?

Beispiel eines Konfliktgespräches

Ausgangslage: Zwei Schülerinnen oder Schüler, zwei Kolleginnen oder Kollegen, zwei Eltern oder eine Kollegin und der Hausmeister oder eine Schülerin und eine Putzfrau oder … sind miteinander in Streit geraten, Sie sind dabei/kommen hinzu und werden vermittelnd tätig.

1. Beide Konfliktparteien stimmen den Grundregeln zu, nämlich

- Ausreden lassen
- Höfliche Formulierungen wählen
- Lösungen suchen

Die Aufgabe des Konfliktberaters bzw. der Konfliktberaterin ist ausschließlich, auf Einhaltung des Redeschemas und der Rederegeln zu achten.

2. Eine Person fängt an und beschreibt ihre Sicht.

Mutter (Frau Renz):
„Die Frau Brenner hat unseren Kevin auf dem Schulhof so festgehalten, dass ihm der Arm weh tat. Das ist doch Kindesmisshandlung! Ich habe unserem Kevin gesagt, dass braucht er sich nicht gefallen zu lassen!"

3. Die zweite Person wird gebeten, die Sichtweise der ersten zu wiederholen.

Lehrerin (Frau Brenner):
„Frau Brenner hat gesagt, dass ich Kevins Arm festgehalten habe. Der hat ihm anschließend weh getan. Sie findet, dass Kevin sich so etwas nicht gefallen lassen muss. Sie meint sogar, ich hätte Kevin misshandelt."

4. Die zweite Person beschreibt den Vorfall aus eigener Sicht.

Lehrerin:
„Ich möchte den Fall gern etwas ausführlicher darstellen. Ich hatte Aufsicht auf dem Schulhof und wurde aufmerksam, dass plötzlich alle Kinder in eine Richtung liefen. Ich hinterher – und als ich mir den Weg durch die Kinder gebahnt hatte, sah ich Kevin auf Dennis sitzend und wie er mit hochrotem Kopf auf Dennis einschlug. Die Kinder rundherum feuerten Kevin auch noch an und keiner half Dennis. Da habe ich nicht gezögert und Kevin von Dennis weggezogen. Seinen Arm konnte ich am besten greifen. Dass der jetzt weh tut, liegt vermutlich daran, dass ich sehr kräftig zupacken musste, weil er

mir entkommen wollte. Kevin war nämlich nicht damit ein-
verstanden, dass ich ihn am Prügeln hinderte!"

5. Die erste Person wird gebeten, die Sichtweise der zweiten zu wiederholen.

„Also, war das so? Unser Sohn hat den Dennis verprügelt? Dabei haben Sie ihn weggezogen? Das hat er mir nicht gesagt. Aber wenn unser den Dennis verprügelt, hat der auch einen Grund!"

6. Beide Parteien schlagen in einem Brainstorming-Verfahren Lösungen vor.

Mutter:
„Wenn ich herausfinde, dass Dennis Schuld hat, muss der sich bei unserem Kevin entschuldigen.
Ich will wissen, warum Kevin den Dennis verprügelt hat.
Ich rede noch einmal mit meinem Sohn."

Lehrerin:
„Ich rede noch einmal mit Kevin und der ganzen Klasse. Die anderen Kinder waren ja dabei.
Kommen Sie doch mit in die Klasse, Frau Renz. Das Gespräch wird bestimmt interessant für uns alle."

7. Die Lösungen werden von den Beteiligten auf Machbarkeit und Fairness überprüft.

Die Mutter entscheidet sich, das Angebot der Lehrerin anzunehmen und mit in die Klasse zu gehen, weil ihr klar geworden ist, dass sie dort die Chance hat, so umfangreiche Informationen zu erhalten, wie sie ihr Kevin aus gutem Grund auch vorenthalten könnte.

8. **Der Konfliktberater oder die Konfliktberaterin wiederholt die Lösungen detailliert**, fragen die Konfliktpartner ob er/sie alles richtig verstanden hat, regen einen Handschlag o. Ä. an, bedanken sich für das gelungene Gespräch!

(Redeschema in Anlehnung an Karin Jefferys, Ute Noack)

So gelingt ein Schlichtungsgespräch

Ausgangslage:
Streitschlichterinnen und Streitschlichter haben in der Regel eine Ausbildung absolviert, in der sie das Verfahren in Simulationen einüben können. Viele Schule haben schon ausgebildete „Mediatorinnen" und „Mediatoren" unter ihren Schülerinnen und Schülern, der Fachbegriff für Streitschlichtung lautet dann peer mediation. Mediation kann immer dann erfolgreich eingesetzt werden, wenn sich zwei aktiv befehden und sich aus pragmatischen Gründen nicht aus dem Weg gehen können: im Geschäftsleben, in der Ehe- und Trennungsberatung, vor Gericht, immer da, wo Konflikte zu lösen sind, also auch in der Schule!

Ein Streitschlichtungsgespräch ist eine Gespräch nach Regeln mit einem unabhängigen Gesprächsleiter oder einer unabhängigen Gesprächsleiterin. Dies ist der Streitschlichter, bzw. die Streitschlichterin, deren Aufgabe es ist, das Gespräch neutral zu überwachen, Vertraulichkeit zu wahren, auf Regeleinhaltung zu achten, das Problem zu definieren oder aufzuklären und bei der Suche nach Lösungsmöglichkeiten zu helfen. Es ist nicht Sache des Schlichters zu urteilen oder Ratschläge zu erteilen.

Grundregeln, denen die Beteiligten vor dem Schlichtungsgespräch zustimmen müssen:
- Den anderen ausreden lassen, nicht unterbrechen
- Den anderen nicht beschimpfen
- Ich-Botschaften verwenden
- Die Wahrheit sagen
- Engagiert an einer Lösung arbeiten

Vorbedingungen für ein Schlichtungsgespräch:
- Ein ruhiger, störungsfreier Raum steht zur Verfügung.
- Der Schlichter oder die Schlichterin stellt sich vor und fragt die Beteiligten, wie sie heißen.
- Der Schlichter oder die Schlichterin fragt, ob die beiden Hilfe in ihrem Konflikt wollen.
- Der Schlichter oder die Schlichterin erläutert die Regeln und fragt die Beteiligten, ob sie den Regeln zustimmen können.

Sollte eine der Vorbedingungen nicht positiv einlösbar sein, kann das Schlichtungsgespräch daran scheitern!

Gesprächsverfahren

I Darstellung des Problems
1. Die Schlichterin oder Schlichter entscheidet, wer anfängt. Dazu sollte eine Regelung führen, die beide Parteien akzeptieren können, z. B. Wurf einer Münze.
2. Jeder hat Gelegenheit, seine Geschichte zu erzählen. Währenddessen muss der/die andere zuhören, macht sich ggf. Notizen. Der Schlichter oder die Schlichterin spiegelt, was er/sie gehört hat, und trägt zur weiteren Klärung bei, indem er/sie, fragt, wie sich die Streitenden gefühlt haben. Die Schlichterin oder der Schlichter stellt auch Fragen, die helfen, zu versteckten Themen vorzudringen.
3. Der Schlichter oder die Schlichterin fragt auch nach, ob jeder verstanden hat, was die jeweils andere Person gemeint hat. Wenn nötig, hilft er/sie, Missverständnisse aufzuklären.

II Das gemeinsame Interesse herausfinden und ein Brainstorming für die Lösung anleiten
1. Die Schlichterin oder der Schlichter fragt jede Partei, was sie erreichen will und gibt mit eigenen Worten wider, was sie/er verstanden hat, damit die jeweilige Partei ein Missverständnis korrigieren kann.
2. Die Schlichterin oder der Schlichter versucht das gemeinsame Interesse der beiden Parteien zu definieren, z. B. dass sie Freunde bleiben wollen oder ein gemeinsames Gruppenarbeitsergebnis vorweisen müssen.

3. Die Schlichterin oder der Schlichter fragt bei beiden Parteien nach, was sie sich vorstellen können, wie das Problem am besten gelöst werden kann. Beide machen ihre Lösungsvorschläge schriftlich! Der Schlichter oder die Schlichterin gibt jeden Lösungsvorschlag mit eigenen Worten wider und schreibt ihn stichwortartig auf eine Karte.

4. Die Schlichterin oder der Schlichter vergleicht die Lösungsvorschläge miteinander und weist auf die Dopplungen. Mit dem Ziel einer win-win-Lösung hilft er/sie den Parteien, die Lösungen zu bewerten.

III Die Konfliktlösung

1. Wenn die win-win-Lösung gefunden worden ist, versichert sich der Schlichter oder die Schlichterin bei beiden Parteien des Einverständnisses und schreibt die Einigung in ein Formular, das alle unterschreiben und in Kopie ausgehändigt bekommen.

2. Die Schlichterin oder der Schlichter gratuliert beiden Parteien zu ihrem Ergebnis und dankt ihnen für die Anstrengung, die sie aufgebracht haben, ihr Problem zu lösen.

Ein umfangreiches Trainingsprogramm „Streit schlichten in der Schule" mit ausführlichen Beispielen kann angefordert werden bei der Stadt Hamm, RAA, 59061 Hamm.

Alle drei Beratungsschemata profitieren im Ergebnis davon, dass keine Lösung aufoktroyiert wird. Es wird den Ratsuchenden, bzw. den Fallgebern überlassen, welche Lösung für sie passt oder welche Lösungsvarianten sie ausprobieren möchten.

Elternabende anders gestalten

**Schon die Einladung ist entscheidend
für weiteres Engagement!**

Im Kapitel „Die neuen Eltern" habe ich beschrieben, dass viele Eltern schon nach der Einschulung ihrer Kinder die persönliche und vertraute Gesprächsebene vermissen, die sie noch mit den Erzieherinnen im Kindergarten hatten. Der noch viel drastischere Kontaktabfall entsteht mit dem Übergang in die Sekundarstufenschulen. Die Teilnehmerquote an Elternabenden sinkt rapide. Es ist kein Einzelfall, dass wenige anwesenden Eltern die zu vergebenden Ämter unter sich aufteilen müssen, weil sie das folgende Anliegen der Lehrerin oder des Lehrers nicht abschlagen können:

„Bitte übernehmen Sie doch die Elternvertretung; sonst muss ich noch einmal einladen und dann sitzen wir wieder einen verlorenen Abend zusammen!"

Überprüfen Sie unbedingt Ihren Einladungsmodus! Wenn die Tagesordnung der oben auf der nächsten Seite abgedruckten Version ähnelt –

> *Schulstempel*   *Datum*
>
> *Liebe Eltern der Klasse 5b,*
>
> *gem. § X Abs. y des Schulgesetzes lade ich Sie fristgerecht zum ersten Elternabend an der neuen Schule Ihres Kindes ein.*
>
> *Tagesordnung:*
> 1. *Wahl des Klassenpflegschaftsvorsitzenden und seines Vertreters*
> 2. *Wahl der Vertreter für die Klassen- und Fachkonferenzen*
> 3. *Bekanntgabe der Stoffverteilungspläne für das 1. Hj.*
> 4. *Verschiedenes*
> *Termin: 13. 8. 01 in der Friedrich-Schiller-Schule, R 032*
> *Bitte erscheinen Sie zahlreich!*
>
> *Mit freundlichen Grüßen*
>
> *Unterschrift des Klassenlehrers*

können Sie davon ausgehen, dass der interessanteste Tagesordnungspunkt „TOP 4, Verschiedenes" ist – und der ist viel zu unspezifisch, als dass er die Eltern Ihrer Schülerinnen und Schüler überzeugen könnte, ihren Feierabend lieber in der Schule als auf der Wohnzimmercouch zu verbringen. Das Zitieren der zuständigen Paragraphen ist gut gemeint; der Lehrer legitimiert damit seine unangenehme Aufgabe, die Eltern zum Schulbesuch auffordern zu müssen. Er setzt schon voraus, dass sie ja doch lieber zu Hause bleiben – und genauso wird die Botschaft aufgenommen: „Der entschuldigt sich dafür, dass er uns einladen muss – der will ja gar nicht, dass wir kommen! Dann tun wir ihm auch den Gefallen!"

Die Schulmitwirkungsgesetze beinhalten wichtiges demokratisches Gedankengut. Dass das Votum der Eltern in demokratischen Gremien der Schulen Gehör findet, ist eine Errungenschaft, die hier nicht in Frage gestellt werden soll. Durch vielfache „Abstimmung mit den Füßen" haben Eltern allerdings nachhaltig vorgebracht, dass sie den Lehrerinnen und Lehrern die Auswahl der Unterrichtsthemen für ihre Kinder schon zutrauen. Den richtigen Unterrichtsstoff wollen nur die wenigsten Eltern einer Prüfung unterziehen. Die Wahlen sind vielen peinlich. Sie wollen auf keinen Fall nominiert werden, geschweige ein Amt übernehmen. Andere würden allerdings so gern gewählt werden wollen („Berufseltern!"), dass auch dadurch ein peinlicher Akt entsteht.

Nachdenkaufgabe für Lehrerinnen und Lehrer

Überlegen Sie als Klassenlehrer oder Klassenlehrerin, was Ihnen Elternarbeit bedeutet!

Möchten Sie Eltern, die Ihnen Handlangerdienste verrichten? Die gut zum Kuchenbacken sind, wenn ein Schulfest gestaltet werden soll? Oder zum Kaffeekochen beim nächsten Sprechtag?

Oder geht es Ihnen nur um die Erfüllung der gesetzlichen Vorschriften?

Benötigen Sie jemanden als Vorsitzenden oder Kassenwart in Ihrem Förderverein?

Oder sind Sie am guten Gedeihen der Kinder interessiert? Streben Sie eine Erziehungspartnerschaft mit den Eltern an? Sind Sie der Meinung, dass zur guten Förderung der Kinder ein Informationsaustausch mit den Eltern sogar unumgänglich ist? Dass sie die wichtigen Erziehungsprozesse in verschiedenen Entwicklungsphasen sogar am besten gemeinsam gestalten?

Schulstempel   Datum

Liebe Eltern, das ist unsere neue 5b!
(FOTO)

Mich sehen Sie etwas versteckt zwischen Robert und Teresa in der zweiten Reihe. Seit vier Wochen bin ich die neue Klassenlehrerin Ihrer Kinder. Alle haben mir gestern versichert, dass es bis jetzt noch keinen Tag langweilig an der neuen Schule war!

Jetzt sollten auch wir uns kennen lernen. Ich würde mich sehr freuen, wenn ich Sie am Dienstag, 18. Sept. 2001 um 19.30 Uhr in unserem Klassenraum begrüßen dürfte. (Dort hängen übrigens noch weitere Fotos von Ihren Kindern. In der letzten Woche war der Fotograf bei uns!)
Als wichtigsten Tagesordnungspunkt betrachte ich unser gegenseitiges Kennenlernen. Außerdem sollten wir darüber reden, welche Aktivitäten wir in der nächsten Zeit mit Ihren Kindern durchführen können. Schließlich sind auch all die Wahlen fällig, die Ihnen schon seit der Grundschulzeit vertraut sind!
Ich freue mich auf Sie!

Mit freundlichen Grüßen

Unterschrift, Klassenlehrerin

Für den ersten Eindruck haben Sie keine zweite Chance!
Die Empfängerinnen und Empfänger dieses Briefes fühlen,
dass sie willkommen sind. Sie erwartet ein interessanter
Abend, an dem es sich lohnen kann, auf den gemütlichen
Fernsehabend zu verzichten. Die Lehrerin vermittelt, dass sie
die Kinder mag. Und sie ist an gemeinsamen Unternehmun-
gen interessiert!

Anfangssituationen müssen gestaltet werden!

Jeder weiß es doch: Es ist unangenehm, im Wartezimmer eines
Arztes/in einer U-Bahn/in der Flughafen-Lounge o. Ä. nahe
mit Menschen beieinander zu sitzen, die einander fremd sind.
Alle gucken auf die Füße, beschäftigen sich mit ihren Händen
oder suchen sich einen unverfänglichen Punkt im Raum, auf
den sie den Blick lenken können, peinlich bedacht, ihn nicht
mit einem anderen zu kreuzen.
Nach einem Schulwechsel kommen Eltern zu Veranstaltungen
in den Schulen zusammen, ohne einander zu kennen, ausschließlich angewiesen auf ihre eigenen mehr oder weniger
ausgeprägten Kontaktfähigkeiten – und noch nie habe ich erlebt, dass seitens der einladenden Schule ein geeigneter Schritt
unternommen worden wäre, dem peinlichen Fremdeln in An-
fangssituationen etwas entgegenzusetzen!
Manche Schulen glauben, mit gedeckten Kaffeetischen oder
bereitgestellten Kaltgetränken atmosphärisch zur Kontaktbil-
dung beitragen zu können. Das ist ein gut gemeinter gast-
freundlicher Akt, verhindert aber auch nicht, dass Fremde, die
schweigend miteinander Kuchen essen, sich fremd bleiben.

Bewährte Einstiegsmethoden, um Fremdheit zu überwinden

1. Partnerinterviews

Alle Teilnehmerinnen und Teilnehmer erhalten ein Blatt mit fünf oder mehr vorformulierten Fragen, die sich in der Praxis bewährt haben:

Stellen Sie sich gegenseitig vor, wie heißt Ihr Kind und wo wohnen Sie?

Wie ist es dazu gekommen, dass Sie Ihr Kind an dieser Schule angemeldet haben?

Meinen Sie, dass unsere beiden Kinder schon in Kontakt miteinander sind?

Wissen Sie noch, wie es war, als Sie selbst in der 5. Klasse waren?

Ich habe Sie heute zum ersten Mal getroffen! Gibt es noch etwas, was Sie mir von sich oder Ihr Kind erzählen möchten?

Durch ein Losverfahren – Bilder, Begriffe, Namen, die gezogen werden müssen – werden Zufallspaare gebildet. Jedes Paar zieht sich in eine Nische der Schule oder Nachbarräume zurück und interviewt sich gegenseitig. Der kleinere Partner fängt an! Nach 20 Minuten treffen sich alle wieder in der Klasse, jede Person zieht eine Nummer, – die Nummern hat die Klassenlehrerin nach der Zahl der Anwesenden vorbereitet. Nr. 1 fängt an und erzählt, was er/sie von ihrem Interview-Partner erfahren hat; das Verfahren wird so weitergeführt, bis alle vorgestellt wurden und eine offene Gesprächsatmosphäre entstanden ist.

2. Karusselldiskussion

Das Verfahren eignet sich für Großgruppen (ab 20 Teilnehmern) besser als das Partnerinterview, weil keine Auswertungszeit benötigt wird.

Alle Teilnehmerinnen und Teilnehmer sitzen in einem Stuhlkreis und zählen abwechseln 1 – 2 – 1 – 2 – etc. Nr. 1 bleibt so sitzen, Nr. 2 nimmt ihren/seinen Stuhl und setzt sich im Innenkreis mit dem Gesicht vor Nr. 1. Beide machen sich miteinander bekannt.

Die Lehrerin liest laut für alle eine Frage vor, über die die beiden einander gegenübersitzenden Partner ins Gespräch kommen sollen, etwa
„Welche interessanten Dinge hat Ihnen Ihr Kind denn schon von der neuen Schule erzählt?"
Eine Minute erzählt Nr. 1, dann berichtet Nr. 2 eine Minute, zum Schluss dürfen beide noch eine Minute abwechselnd reden.

Dann fordert die Lehrerin den Außenkreis auf, sich im Uhrzeigersinn einen Stuhl weiter nach links zu setzen, so entstehen neue Partnerkonstellationen.
Im gleichen Verfahren gibt die Lehrerin fünf bis sieben weitere Fragen in die Runde, etwa
Haben Sie sich in der Grundschule an Elternarbeit beteiligt?
Wie müssten die Bedingungen sein, dass Sie sich in dieser Schule gern an Elternarbeit beteiligen würden?
Was fällt Ihnen spontan ein, wenn Sie an Ihre eigene Schulzeit denken?

*Glauben Sie, dass Schule heute noch so ist, wie Sie sie selbst
als Kind erlebt haben?*
Wie wichtig ist Ihnen guter Schulerfolg für Ihr Kind?
*Es gibt so einen alten Spruch, der heißt: „Nicht für die Schu-
le, für das Leben lernen wir? Stimmen Sie eher zu oder eher
nicht zu?*

Das Entscheidende an beiden Methoden ist, dass sie stark ritu-
alisiert sind; dass jeder genau weiß, was er zu tun hat und Be-
kanntheit und Vertrautheit hergestellt wird, indem sich alle
Beteiligten strikt an die Anweisungen halten. Manchmal fra-
gen Teilnehmerinnen oder Teilnehmer: „Was muss ich an der
Stelle denn antworten?" Sagen Sie, was gemeint ist, und geben
Sie größtmögliche Freiheit in der Gestaltung der Antworten!
Sie werden sich wundern, wie warm Ihre Eltern nach der
Übung miteinander geworden sind! Sie möchten ihre Ein-
drücke aus der Karusselldiskussion auch im Plenum mitteilen.
Selbstverständlich geben Sie dazu Gelegenheit. Jetzt schließen
Sie Ihren Bericht über die Klassensituation an – möglichst
lebhaft und anekdotenreich – und leiten erst dann in bester
Stimmung über zu den unvermeidlichen Klassenpflegschafts-
wahlen!

Killerphrase 3:
„Die da oben sollen uns erst mal besser ausstatten, bevor sie wieder Ansprüche an uns richten."

Ich glaube nicht, dass sich die Fachkompetenz bzw. der Unterricht eines einzigen Lehrers oder einer einzigen Lehrerin verändern würde, wenn er oder sie morgen ein höheres Gehalt oder ein schöneres Schulgebäude oder eine kleinere Klasse erhielte.

Denn keiner erhielte dadurch die Anschlussfähigkeit an die neuen Kinder!

Ich finde auch, dass es Schulen gibt, die in erschreckendem baulichen Zustand sind, wo die Lehrerschaft mit „Mitteln von gestern für die Welt von morgen" unterrichtet, wie es einmal treffend von einem Gewerkschaftsvertreter beschrieben wurde. Auch die Gehälter für Lehrkräfte in der Bundesrepublik sind im internationalen Vergleich so schlecht nicht, obschon ich im Leben nicht begreifen werde, warum in der Sekundarstufe bei noch unterschiedlich angesetzten Stundenkontingenten so ungleich und dadurch ungerecht besoldet wird. Keine Kritik an stellenweise verbesserungswürdigen Arbeitsbedingungen löste mir bisher diese Rätselfrage:

Wieso ist sich eigentlich der Lehrerstand mit seinem verfassungsgemäßen Auftrag zu erfolgreicher Bildungs- und Erziehungsarbeit und seiner beamtenrechtlichen Verpflichtung zu Fortbildung in der Breite darüber einig, dass Weiterqualifizierung nicht mehr nötig sei, wenn man seine beiden Studienfächer mit erstem und zweitem Staatsexamen abgeschlossen hat?

„Damit habe ich bewiesen, dass ich wissenschaftlich arbeiten kann!", schmetterte mir einmal ein fortbildungsresistenter Kollege entgegen!

Würden Sie Ihre Gesundheit einem Arzt anvertrauen, von dem Sie wissen, dass er seit 25 Jahren keine Fortbildungsveranstaltung mehr besucht hat?
Würden Sie etwa die Heizungsanlage in Ihrem Haus von einem Monteur warten lassen, der Ihnen deutlich macht, dass er es seit 30 Jahren nicht mehr für nötig gehalten hat, sich auf seinem Gebiet weiterzuqualifizieren?
Wie können Lehrerinnen und Lehrer eigentlich glauben, es diene dem Vertrauen zu ihrem Berufsstand, wenn sie in der Weise der Killerphrase erklären, an sie dürfe man keine Qualifizierungsansprüche richten!?

Wenn Eltern im Umgang mit ihren Kindern Fehler machen, geschieht dies meistens, weil sie nicht wissen, wie es richtig geht. Auch Lehrerinnen und Lehrer haben ein Recht auf eine Fehlerquote und falsche Einschätzungen; denn wo Menschen miteinander agieren, lassen sich Fehler gar nicht ausschließen. Menschen sind fehlbar. Aus berufsethischen Gründen sollten allerdings die Menschen mit pädagogischen Hochschulexamina dafür sorgen, dass erkannte Fehler auch gebannt werden und sie sich im Namen der Kinder – dem wertvollsten Gut, das ihnen anvertraut ist! – nicht zur Ruhe setzen, bevor sie ihr Dienstherr wegen Erreichens der Altersgrenze dazu legitimiert!

Killerphrase 4:
„Mit uns kann man es ja machen! Wir sind ja die Prügelknaben der Nation!"

Was müssen Lehrerinnen und Lehrer denn eigentlich mit sich machen lassen?

Wieso glauben sie eigentlich, Marionetten oder Roboter zu sein, die außerhalb der eigenen Verantwortung geleitet oder gesteuert werden? Lehrerinnen und Lehrer sind erwachsene Männer und Frauen in einem demokratischen Staat, geprüfte Hochschulabsolventen, Expertinnen und Experten ihres Faches, denen Eltern ihre Kinder täglich anvertrauen im Zutrauen auf ihr Wissen, ihre Übersicht und ihr Können. Die Larmoyanz, mit der sich viele Kolleginnen und Kollegen in den Lehrerzimmern täglich ihre Wunden lecken, ist für ihre professionelle Entwicklung wenig hilfreich und führt nicht weiter.

Sehr viele Schulen in der Bundesrepublik haben in den letzten Jahren mit ihrer Schulprogrammentwicklung begonnen – und auch hier habe ich immer wieder die Rückmeldung erhalten:

„Was sollen wir denn noch alles machen!?"

„Das klappt doch nie, was die da oben sich immer ausdenken!"

„Diese sinnlose Neuerung würden wir gerne mal überschlagen!"

Dieses Buch befasst sich mit Überlegungen zu den Erziehungsdefiziten, mit denen Kinder seit vielen Jahren in die Schule kommen und Sie können sicher sein: Von den Eltern Ihrer Schülerinnen und Schüler können Sie aus den bereits beschriebenen Gründen keine Hilfe erwarten. Von Arbeitserleichterungen, die Ihr Dienstherr anordnet, dürfen Sie auch nicht ausgehen.

Also beschließen Sie im Rahmen Ihrer Schulprogrammentwicklung::

Wir wollen eine Erziehende Schule sein, denn das Benehmen unserer Schülerinnen und Schüler ist in vielen Fällen inakzeptabel! Wir verstehen uns als Pädagoginnen und Pädagogen und wollen unseren Erziehungsauftrag wahrnehmen!

Dazu ist eine gemeinsame Zielvereinbarung vorzunehmen, z. B.:

1. An unserer Schule gilt ein Sittenkodex (der zu entwickeln ist).
2. Wir pflegen Höflichkeit und Stil auf allen Ebenen (dabei sind wir Lehrerinnen und Lehrer Vorbild für unsere Schülerinnen und Schüler)
3. Wenn Eltern ihre Kinder an unserer Schule anmelden, können sie darauf vertrauen, dass wir
   - über Unarten nicht hinwegsehen
   - Opfer schützen, Zivilcourage vorleben
   - Täterinnen und Täter nicht davonkommen lassen.

Lehrerinnen und Lehrer müssen endlich aufhören für alles Verständnis zu haben und dürfen nicht länger schlucken, was sie in Wirklichkeit verletzt! Dumme Dreistigkeiten ihrer Schüler müssen sie konfrontieren, d. h. als Regelverstoß deutlich sichtbar machen, eindeutig inkriminieren und nicht mehr diskutieren! Und sie müssen endlich mit ihren Kolleginnen und Kollegen darüber reden, was sie schon lange quält, und gemeinsam beschließen

Es gibt definierte Situationen, in denen diskutieren wir nicht mehr.

Wir handeln!
Wir ordnen an!

Argumente für die Notwendigkeit eines schulischen Sittenkodexes, der weiterführt als die üblichen Schulordnungen

Keine Schule kann sich heute mehr darauf verlassen, dass Eltern ihre Kinder mit dem Wohlverhalten und den Sozialkompetenzen ausstatten, die die Verantwortungsübernahme für das Gelingen einbezieht, friedlich miteinander in einer Gemeinschaft zu leben. Deshalb kann keine Schule mehr auf die Entwicklung eines für alle gültigen und für alle verbindlichen Sittenkodexes innerhalb ihres Systems verzichten.

Wir alle kennen den Zeitgeist und wissen aus vielerlei eigener Anschauung, dass sich Vater oder Mutter aus vermeintlich kinderfreundlicher, duldsamer und liebevoller Haltung heraus dem schlicht tyrannischen Verhalten ihres Nachwuchses aussetzen und lieber nachgeben als ihn zurückzuweisen und ihm Orientierungspunkte zu setzen. Aus Sicht des unbeteiligten Beobachters oder der unbeteiligten Beobachterin spotten solche Szenen jeder Beschreibung. Beruflich und privat erfahre ich ständig von unglaublichen Machtkämpfen kleiner Menschen mit ihren Eltern, aus denen die Kinder seit frühem Babyalter gewohnt sind, als Gewinner hervorzugehen.

Beispiele: Wie Kinder lernen, Machtkämpfe zu gewinnen

Bei einer Ausstellungseröffnung haben zwei zirka Dreijährige einen diebischen Spaß daran, einer älteren Dame unter den weiten Rock zu kriechen und ihr abwechselnd den Rock hochzuheben. Die Frau kann sich des Ansturms nicht erwehren. Sie fragt laut: „Zu wem gehören die Kinder?" Zwei junge Frauen drehen sich um. Die eine nimmt ihren Jungen an die Hand, beugt sich zu ihm herab und sagt: „Kasper, die Frau möchte das nicht! Du bleibst jetzt bei mir!"

Die andere Mutter sagt zu ihrem Sohn: „Max, lass das!" Max setzt sein Spiel fort. Die ältere Dame sagt: „Du bist aber einer! Hör doch auf!" Sie schämt sich sichtlich. Max Mutter sagt: „Ich habe dir doch gesagt, du sollst das lassen, Max!"

Max dreht jetzt richtig auf; er denkt gar nicht daran, das Spiel abzubrechen, das ihm soviel Beachtung beschert. Die ältere Dame versucht, sich gegen den kleinen Quälgeist so gut sie kann zu wehren; ihr Blick und ihre Bewegungen werden panisch.

Ich wende mich an Max Mutter und sage: „Sie sehen doch, dass der Junge zu weit geht. Das darf er doch nicht tun!"

Max Mutter antwortet: „Aber ich sage ihm doch die ganze Zeit, er soll das lassen! Ich kann doch auch nichts dafür!"

In einer Elternveranstaltung in einem Stadtteilzentrum führe ich eine Veranstaltungsreihe zum Thema „Wie Kinder Regeln lernen" durch. Unter anderem bespreche ich mit zwölf Müttern das typische Supermarktproblem. In kindlicher Augenhöhe sind lauter attraktive Verkaufsgüter positioniert. Wie kann eine Mutter es schaffen, ihren Einkauf zu bewältigen, ohne den fordernden, schreiend

vorgetragenen Wünschen ihres Kindes nachzukommen?
Die Mütter erhalten eine Hausaufgabe:

1. Sie schreiben zu Hause einen Einkaufszettel. Dabei beteiligen Sie ihr Kind. Es muss im Kühlschrank nachgucken, ob noch Milch und Eier da sind und im Vorratsschrank die Corn-Flakes-Packung überprüfen.
2. Zeigen Sie Ihrem Kind Ihr Portemonnaie. „Soviel Geld haben wir. Dafür können wir nur das kaufen, was auf dem Zettel steht. Mehr Geld habe ich nicht und mehr brauchen wir heute nicht."
3. Bevor sie den Supermarkt betreten, erinnern Sie Ihre Kind an Ihre Abmachung. „Du hilfst mir jetzt, dass wir nur die Dinge kaufen, die auf dem Zettel stehen. Wenn du schreist, werde ich mich nicht um dich kümmern!"

In der Regel bestätigen die Mütter, dass sie das Supermarktgeschrei ihrer Kinder nur ein- oder höchstens zweimal aushalten müssen, dann sind ihre Kinder nachhaltig kuriert. Auch in dieser Gruppe melden die Mütter ihre Erfolge zurück. Nur eine türkische Frau sagt, es habe nicht geklappt. Ihr zweieinhalbjähriger, sehr temperamentvoller Sohn Mustafa habe im Supermarkt gesagt: „Wenn du mir das nicht kaufst, sage ich es Papa. Dann haut Papa dich!"

Für Kinder wie Max und Mustafa brauchen wir Konzepte! Denn es wird ihnen gelingen, auch ihre Erzieherinnen im Kindergarten und ihre Lehrerinnen in der Schule nachhaltig vorzuführen und schweißtreibenden Situationen auszusetzen.
Die Eltern als primäre Sozialisationsagenten sind sich zu selten bewusst, dass sie selbst die Grundlagen dafür geschaffen ha-

ben, wenn sie von ihren Kindern wie die Tanzbären vorgeführt werden. Sie selbst haben ihren Kindern die Loipe gespurt, die in den Familien zur Richtschnur geworden ist. Wenn Kinder gewohnt sind, in ihren Familien den Ton anzugeben und Vater und Mutter sich ihren Postulaten unterordnen, haben Eltern dies zugelassen und ihre Kinder mit positiven Verstärkern auf die Richtigkeit ihres Handelns eingestimmt.

Negativkomponenten elterlicher Umgangsformen

Für die typischen und am weitesten verbreiteten Negativkomponenten elterlicher Umgangsformen, die tiefgreifende Spuren für die kindliche Laufrichtung hinterlassen, halte ich
a) das Senden von Doppelbotschaften
b) die permanenten Niederlagen, die Eltern im Kampf ihres Kindes um Beachtung einzustecken bereit sind
c) die Überkompensation elterlicher Gewissensbisse und Versagensgefühle, die durch Nachgeben, Wegschauen, Übersehen, Geschenke oder übertriebene materielle Ausstattung geschieht.

Hierfür mache ich ausdrücklich nicht verantwortlich – wie so gern auch von pädagogischen Fachleuten behauptet –
a) das Fernsehen,
b) die Alleinerziehenden und
c) die Abwesenheit der Mütter vom heimischen Herd!

Dies sollen die drei entscheidenden Ursachen sein, dass das Unterrichten in der Schule so mühevoll geworden ist? Das sind Nebelkerzen, die den klaren Blick auf die wahren Ursachen verstellen und vorgaukeln, dass Lehrerinnen und Lehrer nichts zur Problemlösung beitragen können!

Jeder Fernsehapparat, jedes Video-Gerät und jede Spielekonsole haben einen Knopf zum Ein- und Ausschalten! Den überwachen die Eltern! Wenn Eltern geltend machen „Ich kann doch nichts dafür, wenn unser Kind den ganzen Tag Fernsehen will!" ist aus pädagogischer Sicht höchste Alarmstufe geboten! Da leistet ein Vater oder eine Mutter den Offenbarungseid über originäre Erziehungsverantwortung, die Eltern besitzen. In solchen Fällen benötigen Eltern Hilfe!

Alleinerziehenden fehlt ein Partner; durch diesen bedauerlichen Mangel gehen doch nicht Kompetenzen und Erziehungsverantwortung verloren! Im Umgang mit ihren Kindern haben Alleinerziehende sogar Vorteile, weil sie ihre Entscheidungen allein, klar und eindeutig treffen können, ohne sie durch komplizierte Abstimmungsverfahren mit einem anders eingestimmten Partner verwässern lassen zu müssen.

Es ist wundervoll für ein Kind, wenn Mama immer zu Hause sein kann! Noch besser ist es, auch mit Papa, Geschwistern und Oma und Opa in einer heilen Familie aufzuwachsen! Doch allein diese Tatsache sichert noch keinem Kind den Genuss von Wohlerzogenheit! Entscheidend für sein gutes Gedeihen ist nicht die quantitative Vollständigkeit der Familie, sondern dass es nur einen reifen Menschen gibt, der die Erziehungsverantwortung übernimmt und einem jungen Menschen bis zu seinem Flügge-Werden zeigt:

Du bist mir der liebste Mensch!

Deswegen ist es mir nicht egal, was du tust und wie du dich entwickelst!

**Manchmal durchkreuze ich deine Pläne.
Dann bist du wütend, mein Kind!**

Deine Wut halte ich aus, weil du mir wichtig bist.

Dein Hunger, dein Durst, deine Neugier und deine Gesundheit stehen unter meiner Verantwortung!

Ich gebe dich nicht preis!

Auf mich kannst du dich verlassen!

Die entscheidenden Momente im Erziehungsprozess sind Sicherheit und Verlässlichkeit. Ihnen können ohne Weiteres auch die Mütter und Väter nachkommen, die sich aus ökonomischer Not oder anderen zu respektierenden Verpflichtungen nicht den Luxus erlauben, ganze Tage, Wochen und Jahre mit ihren Kindern verbringen zu können!
Den Eltern der neuen Kinder ist nicht bewusst, wie wichtig es ist, dass sie für ihre Kinder modellhaft und vorbildhaft fungieren. Wenn Kinder mit 6 Jahren in die Schule kommen, verfügen sie schon über ein langjährig eingeschliffenes Erfahrungsspektrum, wie man die Wünsche und Bedürfnisse der Erwachsenen umgehen oder sie gegeneinander ausspielen kann: Vater gegen Mutter, Mutter gegen Vater, Vater gegen Oma, Lehrer gegen Eltern, Eltern gegen Lehrer, Lehrer gegen Lehrer etc. Es ist für die Schulpädagogik eine lohnende Aufgabe, hier für alle Beteiligten neue Umgangsstrukturen auf den Weg zu bringen.

Die Doppelbotschaften

Wenn Kinder die Forderungen ihrer Eltern von klein auf als Doppelbotschaften erlebt haben, unterlegen sie selbstverständlich auch die Anliegen mit dieser Bedeutung, die ihre Lehrerinnen an sie herantragen. Einem Anliegen, das als Doppelbotschaft vorgetragen wird, kann man nach Belieben folgen oder nicht.

Beispiele für Doppelbotschaften zu Hause und in der Schule

Sarah (4 1/2)

„Sarah, räum' die Spielsachen weg!" – „Ja, Mama!" (Sarah baut weiter mit Legosteinen)

„Sarah, ich hab' dir doch gesagt, du sollst aufräumen!" „Jaa!" (Sarah zieht ihre Puppe um.)

Nach einer Stunde: „Ich habe dir doch gesagt, dass du aufräumen sollst! Nie tust du, was ich will!"

„Sarah, mach den Fernseher aus!" – „Ja, Mama!" Nach 10 Minuten: „Ich habe Dir doch gesagt, du sollst den Fernseher ausmachen!" (Der Fernseher bleibt selbstverständlich an.) Mama schüttelt den Kopf und fragt sich, warum Sarah nie tut, was sie sagt!

Sarah (8)

„Sarah, geh auf deinen Platz" „Ja, Frau Schröder!" (Sarah bleibt bei Svenja stehen und tauscht selbstverständlich weiter ihre Pokemon-Bilder.)

Lukas (5)

„Lukas, du hast mir doch versprochen, dein Zimmer auf-
zuräumen!" „Ja, Mama!" (Lukas liegt bäuchlings bei seinen Duplos und denkt gar nicht daran, etwas anderes zu
tun!) Lukas Mutter guckt um die Ecke: „Ich denke, du
räumst auf!?" „Ja, mach' ich ja auch!" (Lukas spielt weiter.)

„Lukas, ich gehe gleich zur Oma. Du kannst nur mit-
kommen, wenn dein Zimmer aufgeräumt ist!" „Ist gut!"
Stunden später hat Lukas immer noch nicht aufgeräumt,
und ist zusammen mit Mama zu Oma gefahren. Lukas
weiß, dass Mama sowieso nicht meint, was sie sagt. Die
redet nur. – Mama sitzt bei Oma und klagt, dass sie sich
mit dem Jungen keinen Rat weiß; er tut einfach nicht,
was sie von ihm verlangt!

Lukas (11)

Die Stunde hat begonnen. Für Lukas ist das unerheblich.
Er und Moritz sind gerade in voller Fahrt; sie führen einander ihre jüngsten Video-Game-Erfahrungen vor, in
reduzierter Comic-Sprache und lautmalerisch unterlegt.
Sein Mathe-Lehrer, Herr Kröger ruft: „Lukas und Moritz!
Setzt euch und nehmt eure Mathesachen heraus!" „Ja,
gleich!" Herr Kröger geht auf beide zu; dabei nimmt Moritz den Passgang nach hinten ein und zieht sich auf seinen Stuhl zurück, dicht gefolgt von Lukas, der sich mit
seinem „Ratatattom-tschuff-tschumm-boing-krrrraaaa-
aawwwuuummmm!" nicht beirren lässt und direkt neben Moritz in der Bank Platz nimmt. „Lukas, du sitzt da
nicht, geh zu deinem Platz!" „Jaaaaa, tu ich doch –
brrrrrrtoktoktoktoktokboing."

> Lukas geht tatsächlich erst, als Herr Schröder ihn unter den Oberarm greift und körperlich nachhilft. Seine Kriegs- und Motorengeräusche produziert er unbeirrt weiter.
>
> In der nächsten Woche ist eine Klassenkonferenz für ihn anberaumt, weil er fast jeden Unterricht durch permanente Geräusche stört. Seine Eltern haben am Elternsprechtag gesagt, sie wüssten nicht, was da zu tun sei; aber die Schule sollte sich nicht so aufregen; das meiste hätte der Junge doch bloß aus dem Fernsehen!

Sehr verbreitet sind auch Uneinigkeiten der Eltern über die richtige pädagogische Handlungsweise. Keinem Kind mangelt es an Klugheit und Folgerichtigkeit, davon zu profitieren.

> „Mama hat gesagt, ich soll nicht mehr fernsehen. Papa hat nichts dagegen, wenn die Kiste den ganzen Tag läuft. Solange die beiden sich nicht einig sind, brauche ich die Tätigkeit nicht zu unterbrechen, die für mich die angenehmere ist!"

Sarah und Lukas haben von klein auf erfahren, dass ihre Eltern nur reden – die tun nicht, was sie sagen. Warum sollten sie also ihr Verhalten ändern? Es macht doch Spaß, immer nur das zu tun, was einem gerade in den Sinn kommt! Manchmal hört sich das Reden ja feindselig an; das geht aber wieder vorbei.

Wenn Eltern sich Hilfe holen, solange die Kinder noch klein sind, kann eine Intervention noch leicht glücken; denn die Kinder halten das, was Mama und Papa tun und sagen, immer für richtig – auch wenn es widersprüchlich ist, auch wenn es sie in Wirklichkeit quält und herabsetzt. Auch in der Primarstufe sind Interventionen für Lehrerinnen und Lehrer noch leichter umzusetzen, da die Kinder auf der Stufe ihrer Moralentwicklung das pädagogische Handeln wenig in Frage stellen. Schwierig wird es mit Eintritt in die Pubertät, wenn die Bewertungen der Gleichaltrigen wichtiger als die der Erwachsenen werden. Dies ist ein weiterer Hinweis darauf, dass Schulen konzeptioneller Erziehungsarbeit bedürfen, um nicht im Umgang mit doppelbotschafts-geprägten Kindern und Jugendlichen die gleichen Niederlagen zu erleiden, wie deren Eltern zuvor.

Die permanenten Niederlagen der Erwachsenen im kindlichen Kampf um Beachtung

Den meisten Eltern ist nicht klar, dass es ein kindliches Bedürfnis ist, sich Beachtung und Aufmerksamkeit zu sichern. Kinder wissen dies vom Tage ihrer Geburt an:

- Der Säugling, der seine Mutter vermisst, weint und schreit so lange, bis sie ihn hört und ihm ihre Aufmerksamkeit widmet. Säuglinge, die nicht das Glück erfahren, von einer beständigen Bezugsperson gehört zu werden, hospitalisieren
- Kinder, die sprechen und laufen lernen, erzwingen die Beachtung ihrer Eltern mit spezifischen Tönen, z. B. „Da-dada!" „Rötterötteröö!" – in der Übersetzung: „Guck doch mal, was ich schon kann!"

Jede Mutter und jeder Vater weiß seit frühen Elterntagen: „Wenn ich mich meinem Kind nicht ständig widme, tut es etwas, was es nicht soll!" Damit sind zwei Basisregeln aus dem Leben eines intelligenten Kindes umschrieben:

1. *Wenn ich mir nicht auf positive Art und Weise Beachtung verschaffen kann, erhalte ich sie sicher durch Fehlverhalten – Hauptsache ich werde beachtet!*

2. *Wenn meine Eltern nicht dafür sorgen, dass unser Zusammenleben mit klaren Regelungen und Begrenzungen verläuft, führe ich Regeln und Begrenzungen für meine Eltern ein!*

Beispiele für den Kampf um Beachtung– zu Hause und in der Schule

Svenja (2 1/2)

hat eine Zeitlang wunderbar mit ihre bunten Bausteinen gespielt, die Mamas Freundin Dagmar mitgebracht hat. Jetzt möchte sie ihr Bauwerk zeigen. Mama ist im Gespräch mit Dagmar vertieft und nimmt keine Notiz von Svenja. Also geht Svenja in die Küche zur Vorratsschublade, die sie an den Teleskopschienen schon herausziehen kann: Schokolade, Mehl, Zucker, Salz – die Vorräte sind wunderbar krümelig, sandig, süß und staubig. Eine ganze Weile merkt Mama nichts – aber dann steht sie hundertprozentig im Mittelpunkt des Interesses!

Maxim (4 1/2)

ist ein umgängliches Kind. Seine Mutter findet seine Erziehung nicht sehr schwierig. Eines Tages erhält sie Besuch von ihrer weit entfernt lebenden Cousine, die ihnen ihr 1 1/2jähriges Töchterchen Sofie vorstellen will. Maxim hat sich auf den Besuch gefreut und erlebt nun, dass sich alles um das kleine Mädchen dreht – und Mama macht ihr sogar ein Fläschchen warm, was sie für ihn gar nicht mehr so gern tut, weil er angeblich schon ein großes Kind ist. Nach zwei Stunden, weiß Maxim, was er tun muss: Er nimmt ein Bilderbuch und haut es der kleinen Sofie auf den Kopf ...

Marco (9)

kommt in der 3. Klasse gut mit; seine Lehrerin sagt, dass seine Leistungen nichts zu wünschen übrig lassen. Seine Mutter weiß aber langsam nicht mehr weiter: Marco macht nur Hausaufgaben, wenn sie neben ihm sitzt. Dabei quengelt er in einem fort, dass die Hausaufgaben so schwer seien. Wenn seine Mutter ihm helfen will, wird er wütend und schreit sie an, dass sie keine Ahnung hätte und ihn nur durcheinanderbrächte. Richtig laut wird sein Gezeter dann, wenn seine Mutter den Raum verlassen will ...

Teresa (12)

ist immer als so begabt eingeschätzt worden, dass sie das Gymnasium problemlos schaffen könnte. Seit einiger Zeit weint sie jeden Tag, wenn sie aus der Schule kommt. Ihre Eltern sind ratlos. Das Mädchen sagt, alles sei ihr zu schwer, in der Klasse seien alle gemein zu ihr, auch die Lehrer fänden kein gutes Wort für sie. Gespräche mit Teresas Lehrern und ihrer Freundin Inga bestätigen diese Erzählungen nicht. Aber Mama und Papa sind permanent in Sorge um Teresa und versuchen, ihr jeden Wunsch von den Augen abzulesen ...

Kinder, die sich so verhalten, sind normal und intelligent. Eltern, denen dies nicht bewusst ist, neigen dazu, das kindliche Verhalten überzubewerten und signalisieren damit: „Wenn du dich so abwegig verhältst, schenke ich dir mehr Beachtung als bei Normalverhalten" – dadurch machen sie das abwegige Verhalten zur Norm. Die Kinder haben gelernt: „Für ‚normales‘, angemessenes Verhalten beachten sie mich nicht. Ich muss etwas Abwegiges tun oder Unsinn machen, dann darf ich mir der Aufmerksamkeit meiner Eltern sicher sein."

Damit treten Eltern ein Hamsterrad in Bewegung, das sie durch die eigenen Laufbewegungen in Schwung halten. Mit der Zeit werden die Insassen müde, sie fühlen sich „gerädert"; alle sind genervt. Die Lösung wäre der Ausstieg – der ist mühevoll, jedoch machbar.

Auch die Beachtung durch ihre Lehrerinnen und Lehrer ist den Kindern wichtig. Wenn sie mit ihren Eltern die Regel gelernt haben: „Ich werde nur dann beachtet, wenn ich mir die Aufmerksamkeit durch abwegiges Verhalten erkämpft habe", werden sie diese Strategien in der Schule ebenfalls einsetzen. Ihr Bedarf ist groß. Der Erfolg ist ihnen gewiss. Leider fällt die Diagnose nicht so leicht wie bei den Doppelbotschaften; auch die Kompensation der Aufmerksamkeitsdefizite ist aufwendiger.

Stefan (12)

war mein Schüler. Er fiel durch sein großes Übergewicht in der Klasse auf. Hänseleien steckte er weg. Eines Tages und dann immer häufiger erzählte er mir, zu Hause sei es nicht mehr auszuhalten, seine Mutter sei zusammen mit ihrem neuen Lebensgefährten ständig betrunken und er und seine Schwestern bekämen dann nichts mehr zu essen. Die Nachbarn im Haus hätten sich auch schon beschwert. Stefans Mutter war Klassenpflegschaftsvorsitzende; ich hatte häufig Kontakt mit ihr und mir fiel die

Vorstellung sehr schwer, dass sie neben dem Engagement, dass sie für die Klasse und die Schule aufbrachte, ihre eigenen Kinder vernachlässigte.

Stefan erlaubte mir, mit seiner Mutter über sein Problem zu reden. Sie fiel aus allen Wolken. Sie hatte sich von seinem Vater getrennt, als der Junge vier Jahre alt war. Sie hatte mehrere Jahre mit ihren Kindern allein gelebt, bis sie vor zwei Jahren ihren jetzigen Partner kennen lernte; vor zwei Monaten hatten sie geheiratet; seine beiden Kinder aus erster Ehe waren jetzt auch oft bei ihnen. Sie wusste, dass Stefan ihren Mann und seine Kinder ablehnte. Er hatte in kindlichem Konkurrenzverhalten schon manches gegen ihn unternommen. Dass er nun alkoholische Exzesse erfand, hatte eine neue Qualität.

Stefans Mutter war mit ihrer „Patchwork"-Familie bereit zu einer Familientherapie, in deren glücklichen Verlauf Stefan auch deutlich an Gewicht verlor …

Fatima (15)
war Teilnehmerin einer Mädchengruppe. In einer Runde nach den Osterferien – „Was habt ihr in den Ferien erlebt?" – waren die Erzählungen monoton – „Nichts besonderes!" – „Gut, dass die Schule wieder angefangen hat!" – „Ich musste zu Hause immer nur helfen!" – , bis die Reihe an Fatima war. Sie hatte sich an einem Radiowettbewerb beteiligt und den ersten Preis gewonnen. Sie durfte zu einem Sänger nach Ägypten fliegen und eine Woche in dessen Villa mit Swimmingpool verleben – und der war so nett! Und er sah in Wirklichkeit viel besser aus als auf den Pressefotos! Sie durfte sogar sein Schlafzimmer besichtigen.

Sie wurde mit Fragen überhäuft; sie antwortete mit glühenden Wangen – sie erzählte flüssig; mir kam erst ein Verdacht, als sie nicht eine Autogrammkarte oder ein Foto vorzeigen konnte, dass sie beide gemeinsam in seiner Villa zeigte.

In der Woche darauf fragte ich sie (allein), wie sie denn die Erlaubnis ihrer (strengen) Familie erhalten habe, allein zu einem fremden Mann in eine fernes Land zu fliegen. Sie stotterte und brach plötzlich in Tränen aus. Sie hatte die Geschichte von sich und ihrem Lieblingssänger erfunden – und plötzlich große Angst bekommen, dass die anderen Mädchen hinter ihre Lügen kommen könnten …

Mustafa (14)
erzählte in einer Jungengruppe, wie seine Eltern ihn bestraften – die Mutter mit dem Nudelholz, der Vater hatte schon einen Stuhl auf ihm zerschlagen; und sooft Mustafa es mit der Polizei zu tun hatte, hängte der Vater ihn mit dem Kopf nach unten nächtelang im Heizungskeller auf.

„Mustafa, du wirst doch jetzt langsam erwachsen: warum tust du dir das denn immer wieder an? Du weißt doch vorher, wie dein Vater reagiert!?"

„Ja, mein Vater muss das machen! Ich bin schlecht – und er muss einen guten Menschen aus mir machen!"

Wenn wir spüren, dass Kinder um Beachtung kämpfen, führt uns die Frage „Warum eigentlich?" nicht weiter, besonders dann nicht, wenn wir die Antwort darauf von ihnen selbst erwarten. Zu einem Ergebnis führt die Frage „Wozu hat er/sie das getan?" Stefan hatte sich jahrelang in seiner Familie abgemüht, Beachtung für sich zu erlangen. Er war mit seinen Bedürfnissen ausgelacht oder ignoriert worden – „Sie glauben gar nicht, wie sehr das eigene Kind einen enttäuschen kann" – hatte mir seine Mutter oft gesagt.

– Stefan musste eine dreiste Geschichte konstruieren, die er mir als Köder anbot, um sich aus den unguten Familienentwicklungen herauszukatapultieren.

Fatima ist es einmal durch die Kraft ihrer Gedanken gelungen, sich aus dem tristen Umfeld ihrer Wohnsiedlung mit grauer Alltagskultur herauszubeamen; die bloße Aussprache ihrer Fantasien versetzte sie kurze Zeit später in Angst und Schrecken.

Mustafa muss an seine eigene Schuld glauben, die er zu sühnen hat. Wenn seine Eltern ihn nicht mehr verprügeln würden, drohte ihm die Bedeutungslosigkeit.

Wenn ich die Eltern von auffällig beschriebenen Kindern frage, was ihr Sohn/ihre Tochter denn besonders gut kann, erhalte ich oft die spontane Antwort: „Gar nichts! Er ist eine Nervensäge, ein Lügner, ein Taugenichts!" Diese bedauernswerten Kinder! Wie sie sich anstrengen, um in den Augen ihrer Eltern eine Reaktion zu sehen! Und wie sie sich vergeblich bemühen, in ihnen Glanz zu erzeugen! Und wie masochistisch sie sich immer wieder mit dem elterlichen Zorn begnügen, getrieben von der Riesenfurcht: „„Am schlimmsten wäre es, wenn ihr mich gar nicht beachten würdet!'"

Überkompensation schlechten Gewissens

Verwöhnen ist etwas Wunderbares. Einen Menschen zu lieben, löst auch das Bedürfnis aus, ihn zu verwöhnen. Geliebte Menschen haben auch ein Recht, verwöhnt zu werden. Gegenseitiges Hätscheln, Liebkosen, Veralbern, Necken und miteinander Quatsch machen gehören dazu wie kleine und große Geschenke machen und sich kleine und große Gefallen zu tun.

All das sollen Eltern ihren Kindern geben. Sie können nie genug davon bekommen und haben es auch verdient. Kinder, die sich in positiver Weise genügend beachtet fühlen, brauchen sich nicht in negativer Weise bemerkbar machen!

Fatal ist nur, das viele nicht die Kunst der richtigen Indikation beherrschen und die guten, richtigen Zuwendungen an falschen Orten und zu falschen Zeiten verabreichen.

Beispiele für Nachgeben, Wegschauen und Übersehen

Die Geschichte von Max und seiner Mama (S. 97) fand ihre Fortsetzung darin, dass diese sich schließlich durch die Blicke der Umstehenden genötigt sah, etwas zu unternehmen. Sie zog einen schreienden und wild um sich schlagenden Jungen von seinem Opfer fort, nahm ihn gegen seinen erbitterten Widerstand auf den Arm (was gut war!), küsste ihn inniglich und sagte: „Du bist so lieb!"

Der Kuss und die Liebeserklärung seiner Mutter sind völlig ungeeignet, Max Klarheit darüber zu verschaffen, dass er etwas angestellt hat, was er nicht wiederholen soll. Max hat nur Irritationen erhalten, keine Richtschnur für angemessenes Verhalten.

Sina

liebte es im Alter von vier bis zwölf Jahren die Aufmerksamkeit ganzer Kaffeegesellschaften durch temperamentvolles Ballspielen auf sich zu lenken. Viele Gäste litten still und machten gute Miene zu Sinas Spiel. Von den Eltern hörte das Mädchen: „Sina! Lass das doch! Ich habe dir doch schon so oft gesagt, du sollst draußen mit deinem Ball spielen!" Bald entstand ein an Schärfe zunehmender Schlagabtausch der Eltern untereinander: „Das lässt sie nicht, weil du ihr das erlaubst!" – „Du traust dich ja bloß selber nicht, ihr etwas zu verbieten!" – Gläser klirren, Kaffeetassen und Sektflaschen fallen um, der Ball verwandelt die Sahnetorte in Matsch …

Sinas Mama wendet sich an ihre Gästerunde:

„Wisst ihr eigentlich schon, dass Sina

(4 Jahre) … schon ein 200er Puzzle schafft?" – „Toll, Sina, das kannst du schon!?" Plong – fiel die Kaffeekanne vom Stövchen! –

(5 Jahre) … schon schulreif getestet worden ist?" – „So ein schlaues Kind bist du, Sina?!" – Klirr – fiel die Zuckerdose unter den Tisch!

(6 Jahre) … als erste in ihrer Klasse lesen kann!?" – „Sina, da machst du deinen Eltern aber eine große Freude!" – Sssssst – schoss der Champagner aus der umgestoßenen Flache durchs Zimmer!

7, 8, 9, 10 Jahre etc.

Die Bedürfnisse anderer achten, sich situationsangemessen verhalten und Rücksicht nehmen kann Sina bis heute nicht. Mit 13 spielt sie nicht mehr Ball, die Katastrophen mit Essgeschirr und Lebensmitteln haben nachge-

lassen, dafür verursacht sie Verkehrsunfälle und Sach-
schäden im Stadtteil, ist in Drogen- und Gewaltdelikte
verwickelt. An all dem wollen sie ihre Eltern „gar nicht
wirklich hindern!" und bei Familienfesten sitzen sie immer noch da und werfen sich gegenseitig ihr Erzie-
hungsversagen vor. Sonst könnte es doch gar nicht sein,
dass die Caroline, die damals erst als letzte in der Klasse
lesen gelernt hat, jetzt die Mittlere Reife in der Tasche
hat! Die kluge Sina ist inzwischen volljährig und hat bis
dato keinen Schulabschluss geschafft:
„Die Lehrer haben ja wohl alle den Hirnschuss. Ich bin
doch nicht blöd und mach', was die wollen, ej!" „Also,
ich finde es super, wie selbstbewusst und kritisch Sina an
alles herangeht!" – schwärmt ihre Mutter.

Manche Eltern merken gar nicht, dass sie das Verhalten ihres
Kindes verstärken, wenn sie es ignorieren. Andere halten
Nachgeben und Wegschauen sogar für eine gute Taktik, die sie
sogar weiterempfehlen, wie es Tims Mutter (wie auf Seite
121/122 geschildert) tut.
Manchmal reicht es selbst diesen Eltern, weil ihr Kind mit seinen Provokationen nicht nachlässt. Sie explodieren und finden dafür tatsächlich Verständnis bei jedermann. Sie kündigen
Maßnahmen an, die lange fällig gewesen wären „Ich bin es leid
mit dir; wir fahren dieses Wochenende nicht nach Phantasia-
land/zu Oma und Opa! Ich bin doch nicht dein Hampel-
mann!" – und bringen es dann dennoch fertig, ihren Zorn
nach kurzer Zeit herunterzukochen und sich bei ihrem Kind
für ihr Ausrasten zu entschuldigen! „Entschuldige, dass ich
dich so angeschrien habe! Ich möchte dir eine Freude machen

– komm mit ins Kaufhaus, du darfst dir etwas aussuchen!" Kluge Kinder wissen das schlechte Gewissen auszubeuten und ergattern Videospiele und Markenkleidung auf einen Schlag. *Machterfahrene, kampferprobte und energiegeladene Kinder:* Das Recht ist immer auf ihrer Seite. *Sie repräsentieren eine neue Gruppe verwahrloster Kinder.* Bei ihnen wird Verwahrlosung nicht durch materielle Mangel ausgelöst, vielmehr durch *Mangel an menschlicher Zuwendung, Interesse und vor allem Begrenzung.*

Wenn diese Kinder zu allem Überfluss auf Lehrerinnen und Lehrer treffen, die sich ihre Ideale aus den 70er Jahren erhalten haben, ist es für sie ein Leichtes, ihnen ein schlechtes Gewissen zu machen, weil diese, geprägt durch frühe Lehrersozialisationserfahrung, nach jedem verlorenen Machtkampf insgeheim mit sich hadern und die Ursache bei sich suchen. Eigentlich haben die Kinder doch immer recht! Die Ursache für ihr Scheitern finden sie in der Selbstanklage, wieder nicht tolerant, motivierend und verständnisvoll genug gewesen zu sein.

Zusammenfassung

Wenn Eltern als pädagogische Laien ihr Vorgehen nur eingeschränkt oder einseitig wahrnehmen, halte ich das für nachvollziehbar.

Wenn Pädagoginnen und Pädagogen in ihren Systemen diese Verhaltensinkonsistenzen prolongieren, finde ich das allerdings fatal! Sie stellen die Probleme dadurch auf Dauer! Ist das ein kinderfreundlicher Akt? Sicherlich nicht!

Die Schulen müssen sich als Institutionen mit pädagogischer Expertenschaft diesen Mangelerscheinungen stellen und mit allen Mitteln dafür sorgen, dass die kindlichen Kampfenergien und Dominanzansprüche umgepolt werden können.

Eine Schule dürfte sich eine Menge Frustrationen und Energieverlust ersparen, wenn sie auf einen gültigen Regel- und Maßnahmenkatalog verweisen kann, der für alle verbindlich ist. In Kollegien, die bisher noch nicht gemeinsam vorgegangen sind, gibt es manchmal Lehrerinnen oder Lehrer, die durch bestimmtes Verhalten erfolgreicher gegenüber Schülern wahrgenommen werden als andere. **Ihre Erfolgsstrategien dürfen nicht vereinzelt bleiben!** Prüfen Sie, ob bewährtes Einzelhandeln – möglicherweise etwas modifiziert – in ein schulisches Gesamtregel- und -maßnahmenwerk eingehen kann!

Lassen Sie sich Zeit für einen umfangreiche Ressourcencheck. Überprüfen Sie Ihre Formulierungen sorgfältig und verabschieden Sie den Sittenkodex Ihrer Schule, wenn sich eine große Mehrheit sich mit den Inhalten identifizieren kann. Einfache Mehrheiten halte ich bei der Verabschiedung eines so wichtigen Grundlagenpapiers nicht für ausreichend. Geben Sie auch Raum für Minderheitenschutz!

Auf positive Formulierungen achten!

Der Kodex soll so verfasst sein, dass er für Eltern und Schüler verständlich ist.

Es hat sich als kontraproduktiv erwiesen, wenn Sie in einem 20- oder mehr Punkte-Katalog zusammenfassen, was Ihre Schüler alles nicht mehr tun sollen! Dadurch erzielen Sie noch nicht das entgegengesetzte positive Verhalten, denn die Erfahrung hat gelehrt, dass die neuen Kinder dies definitiv nicht kennen!

Bei allen Überlegungen, die Sie bei der Aufstellung eines Sittenkodexes für Ihre Schule vornehmen, sollten Sie die spezifischen Erfordernisse Ihrer Schülerschaft vor Augen haben. Deswegen ist die Vorwegnahme einer exemplarischen Zusammenstellung an dieser Stelle nicht möglich. Denkbar sind aber folgende Einzelvorschriften:

Umgangsformen

Wer erwachsenen Personen (die Formulierung schließt Eltern, Putzfrauen, Hausmeister und jegliche Besucher auf dem Schulgelände ein!) gegenüber unhöflich ist, muss sich glaubwürdig entschuldigen.

Wer im Unterricht mit unangemessener Kleidung erscheint – das könnte z. B. Kleidung mit Nazi-Emblemen oder sichtbare Strapse sein – muss nach Hause gehen und sich umziehen.

Private Kommunikationstechnik/Musikabspielgeräte

Der Gebrauch von Handys, Gameboys und MP3-Player/Walkmen sind in der Schule verboten. Setzt sich ein Schüler über das Verbot hinweg, muss er das Gerät abgeben.

Sprache

Unsere Schule ist ein Ort, wo wir Wert auf Hochsprache legen. Verbale Abfälligkeiten können wir nicht zulassen. Wer das Gebot überschreitet, muss sich (schriftlich) mit dem Thema auseinander setzen.

Variante für Schulen in Stadtteilen mit Benachteiligtenmilieu: Wenn einem unserer Schülerinnen oder Schüler eine verbale Entgleisung unterläuft, orientieren wir uns, inwieweit hier semantische Kenntnisse vorliegen. Sollten Wissenslücken erkennbar sein, müssen sie Unterrichtsthema werden. Wir bieten unseren Schülerinnen und Schülern sprachliche Alternativen an und initiieren ein ausgleichendes Gespräch mit dem beleidigten Kind.

Gewalt

Wer seine Mitschüler tritt, muss seine Schuhe ausziehen und erhält sie erst für den Heimweg zurück.

Bei Delikten wie Erpressung, Diebstahl und schwerer Körperverletzung überlassen wir die die Ermittlungstätigkeit der Polizei; denn die weiß, wie Ermitteln geht!

Wussten Sie übrigens, dass die Kripo einen Tritt mit Schuhen vom Typ Ballerina als leichte Körperverletzung, hingegen einen Tritt mit Schuhen vom Typ Buffalo als schwere Körperverletzung verfolgt?

Aktionen und Reaktionen, die in einen Maßnahmenkatalog eingehen können (präventiv/interventiv)

Beratung in einer Helferkonferenz

Einbeziehung von Erziehungsberatungsstellen oder Jugendamtsabteilungen

Anderssein im Unterricht thematisieren

Mitschülerinnen und Mitschüler als Helfer einbeziehen

Gründe für Fehlverhalten hinterfragen: Wozu tut er/sie das?

In allen Klassen diskutieren: Was tun wir, wenn ...?/Wer von euch hilft mir, wenn ich etwas allein nicht schaffe?

Ich-Stärke vermitteln

Wir-Gefühl stärken

Diskutieren

Interkulturelle Trainings

Konfrontieren

Angebote für Jungen

Angebote für Mädchen

Bildung prosozialer Gangs
Streitschlichter-Programme
Ermahnung
Verstärkung positiven Verhaltens
Kontrakte schließen, auf Einhaltung achten
Üben: Spielregeln kennen und einhalten
Üben: Gefühle artikulieren
Üben: erfolgreich miteinander verhandeln
Pausendidaktische Angebote: Alte und neue Spiele für viele
Schulhof entsiegeln
Anschaffung von Spielgeräten
Tobezimmer/Bewegungsspiele
Verbote (Pause, Sport, Ausflug)
Raster zur Bearbeitung schriftlicher Aufgaben
Schriftliches Nacharbeiten von Aufgaben
Elterninformationen
Elterngruppen
Stilleübungen, Meditationen
etc.

Beispiele für unwirksame Maßnahmen

Fall 1

Tim, 3. Klasse, kommentiert im Unterricht buchstäblich jeden Satz seiner Lehrerinnen. Er bewertet, stellt in Frage, möchte diskutieren – jeden Satz! Er ist rhetorisch so gewandt, dass er von seinen Mitschülerinnen und Mitschülern keinen Widerspruch erhält. Seine Mutter arbeitet in einem sozialpädagogischen Beruf und ist der Meinung, die Kritikfähigkeit ihres Sohnes müsse gefördert, nicht beschnitten werden.

In einer Kollegialen Fallberatung beschließen seine Lehrerinnen, dass sie ihm von jetzt an immer ein Lob für seine Mutter in sein Mitteilungsheft schreiben wollen, wenn er sich nur minimal zurückhält! Sie setzen darauf, dass ihn das Lob zu weiterer Zurückhaltung anspornt.

Fall 2

Sven, Alex und Timo, 14, kommen an einem Montag sehr verändert in die Schule: Sie haben sich die Köpfe kahlgeschoren, tragen schwarze Hemden und Springerstiefel mit weißen Schnürbändern. Sie genießen das Aufsehen auf dem Schulhof und verhalten sich im Unterricht plötzlich überkorrekt höflich, fast erwachsen. Im Lehrerzimmer sind sie in jeder Pause Diskussionsthema. Dem Kollegium ist klar, dass diese Jungen an einer Schulung rechtsradikaler Verführer teilgenommen haben. Alle sind der Auffassung, dass Kleidung und politische Einstellung die Privatsache der Jungen sei; da habe die Schule keine Möglichkeit, tätig zu werden.

Fall 3

In einem Gymnasium wendet sich das Reinigungspersonal empört an den Direktor. Die Frauen sind in ihrem Umkleideraum im ersten Stock der Schule durch das Fenster schon häufiger von Jungen beobachtet worden, die sie diesmal erkannt zu haben glauben. Natürlich sind es nicht Schüler des Gymnasiums sondern der benachbarten Hauptschule – Türken.

Der Direktor wendet sich an seinen Kollegen der Haupt-schule. Beide wollen nichts dramatisieren. Sie sind sich schnell einig, dass man so einem Dumme-Jungen-Streich keine Bedeutung geben muss. Wer Putzfrauen nachsteigt, muss sowieso schön dumm sein!

Bewertung:

In drei sehr unterschiedlichen Fällen richten Heranwachsende etwas an, ohne dass sie von den für sie verantwortlichen Pädagogen eine Korrektur erfahren haben. Was sie getan haben, wird von ihrer Umgebung nicht nur geduldet – es erregt sogar Aufsehen. Der junge Mensch ist bedeutungsvoll. Das genießt er – und in den Genuss will er wieder kommen. Dieses erfolgreiche Verhalten wiederholt er! Er ist o. k.!

Tim braucht einsichtige Rederegeln, die ihm erkennbar machen, dass er nur einer von 28 ist, dementsprechend gehört ihm höchstens ein Achtundzwanzigstel der Stunde; dass kann man mit ihm zusammen in Minuten und Sekunden umrechnen, ihm eine Stoppuhr aushändigen und ihn dann entscheiden lassen, wann und wie er sie nutzt. Wenn er diese Regel nur um eine Winzigkeit übertritt, muss er die Klasse für den Rest der Stunde verlassen und ein Thema schriftlich bearbeiten – allein! Durch ein „dickes Lob" für minimalen Fortschritt lernt Tim nichts! Er spürt seit langem, dass viele Erwachsenen unzufrieden mit ihm sind – er weiß aber nicht, was es ist! Denn seine Mutter liebt und verteidigt ja seinen kritischen Geist!

Wie Sven, Alex und Timo ihr Wochenende gestalten, darauf hat ihre Schule tatsächlich keinen Einfluss. Aber dass sie mit rechtsradikalen Kleidungsstücken in der Schule erscheinen, kann ihnen verboten werden. Die pointiert vorgebrachten Einstellungen, die die Lehrerinnen und Lehrer angesichts dieses Verbotes in den Klassen nicht zurückhalten müssen, können für die Jungen ein gedankliches Korrektiv sein, das ihnen zu einem späteren Zeitpunkt vielleicht ermöglicht, sich von der rechten Szene zu distanzieren. Natürlich werden sie es darauf anlegen, wie Märtyrer zu erscheinen. Doch die Schule muss verhindern, als ein Multiplikationsforum für Nazis missbraucht zu werden.

Die drei türkischen Jungen sind in der Ausübung ihrer sexistischen Übergriffe bestätigt worden. Wer sollte ihnen denn jetzt verwehren, Frauen in Umkleidekabinen zu folgen? Verletzung von Intimsphäre? Ist doch normal – noch nicht einmal die Lehrer finden was dabei. Dabei müssen auch hier alle Lehrerinnen und Lehrer beider Schulen eindeutig Stellung beziehen und klar machen, dass sie niemandem das Recht auf Voyeurismus geben!

Vorschläge für methodisches Vorgehen
Denn auch die Reise zum Mond beginnt mit einem kleinen Schritt und eine kleine Veränderung ist ein Schritt zu einer großen!

Eine Schule lässt sich nicht rasant von heute auf morgen in eine Erziehende Schule umwandeln. Es gibt bestimmte Schritte und Wege, die Sie Ihrem Ziel näherbringen. Manche Wege können allein beschritten werden, andere mit Moderatorinnen und Moderatoren von außen, die ein Kollegium als critical friends begleiten.

Schritte auf dem Weg zu einer Erziehenden Schule

1. Wir führen eine Werte- und Normendiskussionen auf allen Ebenen
   a) im Lehrerkollegium
   b) in der Schülerschaft
   c) unter den Eltern
   d) Lehrkräfte, Schülerschaft und Eltern
   e) u. U. auch Lehrkräfte und Jugendhilfe
2. Wir organisieren Elternabende, an denen wir den Eltern per Rollenspiel demonstrieren, was sich ihre Kinder uns gegenüber erlauben.
3. Unser Selbstverständnis von Erziehender Schule nehmen wir in unser Schulprogramm auf.
4. Wir erstellen eine Liste von Unarten, gegen die wir entschieden einschreiten und eine Liste von Maßnahmen, mittels derer wir bei Vergehen einschreiten. Von Zeit zu Zeit überprüfen wir diese Liste bezüglich aktueller oder überholter Trends.
5. Wir beziehen die Eltern in die Erstellung der Maßnahmenliste mit ein.
6. Eltern von Neuanfängern unterschreiben bei der Anmeldung, dass sie unser Schulprogramm akzeptieren.
7. Wir entwickeln ein Belohnungs- und Ehrungssystem: Hervorragendes wird publik gemacht, d. h. leistungs- und fächerbezogen, aber auch Zivilcourage, soziale Einsatzbereitschaft, brauchbare Verbesserungsvorschläge.

8. Die Schülerinnen und Schüler unserer Schule erhalten Rückmeldung über ihren individuellen Wert: Das ist deine Begabung.
9. Ein Schüler, der einen Fehler gemacht hat, kann sich bewähren.

Killerphrase 5:
„Ja, wenn wir nur deutsche Kinder in den Klassen hätten, ginge das ja vielleicht. Aber wir haben doch soviel Ausländer und Aussiedler!"

Die ersten Kinder türkischer Arbeitsmigranten, „Gastarbeiter" besuchten Anfang der 70er Jahre deutsche Schulen. Nach ihnen kamen jugoslawische und marokkanische Schülerinnen und Schüler, die vor dem Hintergrund ihres islamischen Kulturkreises traditionell ein hohes Maß an respektvoller, achtender Haltung gegenüber Älteren, Eltern und Lehrpersonen mitbrachten. Lehrer gelten im Islam als Lichtgestalten! (Mohammad Heidari)

Lehrerinnen und Lehrer haben allerdings immer wieder – und mit Jungen ungleich häufiger als mit Mädchen! – Folgendes erlebt: Den ersten Tag in einer deutschen Schule absolvierten sie tadellos in der respektvollen Haltung, die ihnen vom Schulbesuch in der Heimat vertraut war. Diese Haltung deuteten die Lehrerinnen und Lehrer hierzulande als demütig und unterwürfig. Sie beschämte sie: So wollten sie von keinem ihrer Schülerinnen und Schüler angesehen werden! Doch binnen kurzer Zeit gelang es fast jedem dieser Jungen, das gesamte Spektrum verbaler und körpersprachlicher Zotigkeiten der Schule gegenüber Mitschülerinnen und Mitschülern und Lehrpersonen in Anwendung zu bringen. Das verwunderte uns auch deshalb so sehr, weil der normative Spracherwerb meistens deutlich länger auf sich warten ließ. In großer Fassungslosigkeit hatten wir dem in den Schulen kaum etwas entgegenzusetzen. Wenn es für sie eng wurde, verstanden die Jungen nichts.

Die traditionelle Ehrerbietung gegenüber Älteren blieb im familiären Kontext auch in der jetzt heranwachsenden 3. Generation selbstverständlich. Die deutsche Seite, die Schule, erlaubte ihnen bedauerlicherweise immer, anders zu sein, als es ihnen ihr traditionelles Selbstverständnis vorschrieb.

In den letzten Jahren wurde deutlich, dass muslimische Jungen aus dem Mittelmeerraum und Aussiedler aus der ehemaligen Sowjetunion in den Problemgruppen der Schulen überproportional vertreten sind: Drogen, Gewalt, Schulschwänzen, Schulversagen. Es kommt vor, dass sie bei Mitschülerinnen und Mitschülern wie bei Lehrerinnen und Lehrern Angst auslösen. Bei den bedrohten Kindern führt die Furcht zu einer besonderen Zuspitzung, wenn sie sich ohne sicheren Schutz durch die Lehrkräfte doppelt ausgeliefert fühlen müssen.

In meiner Arbeit mit gewaltbereiten Jungen – Ausländern, Aussiedlern und Deutschen – habe ich vielfältige erhellende Erfahrungen machen können. Lehrerinnen und Lehrer, die gegenüber dissozial orientierten Schülerinnen und Schülern nicht klar Position beziehen und damit nicht auf ihre leitende Rolle bezüglich Macht, Führung und Ordnung bestehen, sind sich nicht klar darüber, dass sie so unbewusst ihr angestammtes hierarchisches Recht an die Schüler übergeben. In einem funktionierenden System sind die Rollen klar verteilt. („Die Lehrerinnen und Lehrer sind die Vorgesetzten der Schülerinnen und Schüler" heißt es treffend beschrieben im Schulprogramm der Albert-Schweitzer-Schule in Hamm). Wie viele Schülerbanden, die Angst und Schrecken verbreiten, haben sich aus Enttäuschung über die unklaren Verhältnisse an ihren Schulen und in ihrem Umfeld gebildet! Aus ihrer subjektiven

Sicht tun gewalttätige Schüler etwas sehr Sinnvolles und Wertvolles: Sie führen Regeln ein und schaffen Ordnung! Sie verwerten ihr unbewusst vorhandenes alltagstaugliches psychologisches Basiswissen: Systeme kippen, wenn die Rollen ständig neu verhandelt werden! Da ist die Lücke, die sie besetzen können. (Deswegen ist das Konzept der „Erziehenden Schule" auch eine wirksame Präventionsstrategie für den sich ausbreitenden Rechtsradikalismus unter Jugendlichen. Wer sich in deren kahl geschorenen Köpfe hineindenkt, muss schlicht zur Erkenntnis nehmen, dass sie das einfach gestrickte Normen- und Wertesystem ihrer radikalen Gruppierungen so faszinieren. Ein Vorbild für andere Normen und Werte haben sie vorher in ihren Familien und Schulen nicht gehabt!)

Durch beabsichtigt tolerantes Lehrerverhalten haben wir hier interkulturelle Konflikte heraufbeschworen, deren Händelbarkeit uns fast entglitten ist. Wir haben uns um alle Schüler ausländischer Herkunft bemüht, Duldsamkeit und Verständnis aufgebracht und waren dabei nie eindeutig und klar, denn tatsächlich verhielten wir uns ihnen gegenüber anders – im Sinne eines „positiven Rassismus". Das spürten sie – und spüren sie noch –; demzufolge verhielten und verhalten sie sich bis heute anders.

Ich habe bis vor einigen Jahren noch selbst aktiv an der Argumentation eines sozial-romantisch bewegten Helferkreises teilgenommen, der den Migrantenkindern in großer Empathie Zugeständnisse gemacht hat, über die ich in den Folgejahren sehr nachdenklich geworden bin.

Wenn Klassenfahrten oder Schulausflüge oder andere Schulveranstaltungen nicht mehr stattfinden können und wenn hochsprachliche Deutsch-Literaturen nicht mehr Gegenstand des Deutschunterrichtes sein können, mögen sich kreative Alternativlösungen auch konzeptionell herstellen lassen. Wenn aber kriegerische Auseinandersetzungen auf der Weltkarte anfangen, das Klassenklima zu bestimmen und Lehrerinnen und Lehrer aufgefordert werden, einen Bosniak nicht neben einen Tschetnik zu setzen und dass sie doch wissen müssten, dass ein Kurde nicht zulassen kann, dass ihm ein Türke hilft, dann ist bei mir das Ende von Toleranz und kultureller Empathie erreicht.

Ich betone, dass ich hier nicht über traumatisierte (Bürger-) Kriegsflüchtlinge spreche, sondern von Kindern, die hier geboren und aufgewachsen sind. **Die Schule ist dem Humanum verpflichtet und darf sich in keiner Weise an rassistischer Ausgrenzung beteiligen.** Wir sorgen an unseren Schulen und in unserem Land für die Sicherheit aller Kinder – ohne nach Abstammung und Herkunft zu fragen. Dafür benötigen wir keine ethnischen, sondern ethische Klärungen – auch die leistet das Konzept der „Erziehenden Schule"!

● Lehreräußerungen über Schüler islamischer Herkunft

„Der hat doch einen Kulturschock!"

„Weißt du, wie streng das bei dem zu Hause zugeht? Dann verstehst du, warum der hier ausrasten muss!"
„Das sexistische Benehmen hat der aus dem Islam – da darf der sich so benehmen!"

„Für die ist Deutschland ein kaltes Land! Die können sich hier nie integrieren!"

129

„So geht es zu, wenn es schlichte Menschen aus dem Agrarland Anatolien in die kalte Welt eines hochtechnisierten Industriestaates verschlägt!"

In Schulen werden im Gegensatz zu den eigenen hochgehaltenen traditionellen Wertvorstellungen Exzesse ausgelebt – sogar von so dreister Ausformung wie Onanieren im Unterricht, Überfallen und Begrapschen von Mädchen nach dem Motto „Die will das ja nicht anders!", die nicht glauben lassen, dass die Eltern dieser Jungen davon etwas ahnen. Lehrerinnen erlebten in sexistischer Weise vorgetragene Nähewünsche als besonders bedrohlich.

Geben Sie diesen Jungen nicht das Recht, in der Schule unter Ihren Augen Grenzen zu überschreiten, die Ihnen wichtig sind, geschweige denn das Recht auszurasten! Wenn die Jungen zu Hause gelernt haben, Regeln zu akzeptieren, dann können sie das in der Schule auch! Der Islam gibt niemandem das Recht, sich menschenverachtend und sexistisch aufzuführen! Übrigens: Auch die Migrantenkinder der 70er und 80 Jahre sind heute Eltern von Schulkindern. In ihrer eigenen Schulzeit haben sie die Widersprüchlichkeit zwischen den unterschiedlichen Wertvorstellungen in Schule und Elternhaus massiv erlebt. Heute haben sie eigene Kinder, die schon zur Schule gehen, und auch ihnen fehlt oft die Orientierung, was die Schule von ihnen und ihren Kindern eigentlich erwartet. Auch sie benötigen Ihre kompetente Beratung!
Nachhaltig ergriffen hat mich die Argumentation eines Vaters türkischer Herkunft, dessen Kinder (beide 2. Klasse) für ein Sonderschulaufnahmeverfahren vorgesehen waren, weil sie u. a. schwiegen. Das 1. Schuljahr hatten sie schon wiederholt;

in 2 1/2 Jahren hatten sie in der Schule kein Wort gesprochen. Ihr Vater wollte um alles in der Welt vermeiden, dass seine Kinder das Stigma Sonderschule erhielten. Dem Argument, dass sie dort in kleineren Lerngruppen besser gefördert werden könnten und dadurch auch die Chance auf einen Schulabschluss erhielten, widerstand er mit den Worten: „Sonderschule ist schlechte Schule. Abschluss ist nicht wichtig. Ich bin in der Hauptschule aus der 6. Klasse entlassen worden – besser als Sonderschule, das reicht auch für meine Kinder."

Was hilft: Regeln und Rituale

Regeln und Rituale helfen Kindern, erwünschtes Verhalten anzunehmen

Regeln, die helfen, und wie Sie ihre Anwendung sichern können

Die Lehrerschaft muss das gewünschte Verhalten den Kindern mitteilen, es in der Grundschule kleinschrittig üben und in der Orientierungsstufe noch einmal von vorn: Dies ist das an unserer Schule erwünschte Verhalten! Diese Regeln gelten an unserer Schule. Ihr kennt sie: Wenn ihr sie überschreitet, geht ihr ein Risiko ein! Unser Lehrerkollegium hat ein großes Interesse daran, nichts zu übersehen!

Vielleicht erscheint es Ihnen als sinnvoll und notwendig, dass sich die Schülerinnen und Schüler Ihrer Schule am Ende der Pause wieder zu zweit aufstellen, wie es früher üblich war. Dann ist es unzureichend, den Kindern die Regel an die Hand zu geben „Wir stürzen nicht alle gleichzeitig ins Schulgebäude!" – vielmehr müssen Ihre Schülerinnen und Schüler erfahren und lernen, welches die Alternativen sind. Machen Sie es sich bewusst: Sie kennen die Alternativen nicht! Jeder Klassenlehrer und jede Klassenlehrerin übt mit allen Kindern, wie Aufstellen geht, dass alle auf dem Schulhof warten, bis sie der Reihe nach abgeholt werden, wie alle das Gebäude betreten; im Treppenhaus herrscht „Rechtsverkehr"!

Wer geht als erster durch die Tür? Macht es an Ihrer Schule Sinn, dass Kinder erwachsenen Personen die Tür aufhalten? Dann zeigen Sie den Kindern, wie es geht!

Üben Sie auch die Begrüßung! Wer grüßt zuerst? Was sagt ein Jüngerer zu einem älteren? Wann begrüßt man sich mit, wann ohne Handschlag? Welche Begrüßungsriten kennen die Schülerinnen und Schüler ausländischer Herkunft in unserer Klasse? Auch deutsche Kinder sind schon gereist und haben andere

Sitten und Gebräuche kennen gelernt. Wir vergleichen sie, ohne sie zu hierarchisieren oder zu bewerten! Wann nimmt man die Kopfbedeckung ab? Welcher Begrüßungsritus ist sinnvoll für unsere Klasse? Wie regeln wir das Verabschieden am Ende der Stunde/mittags/vor den Ferien?

Viele Regeln in der Klasse: Das „Rederecht" kann durch einen Gegenstand materialisiert werden – durch einen Ball, einen Stab, eine Kugel o. Ä. Wir hören einander zu! Das üben wir immer wieder dadurch, dass jeder Redner und jede Rednerin den Beitrag seines Vorredners oder seiner Vorrednerin wiederholen muss, bevor er oder sie seinen/ihren eigenen Standpunkt ausführen darf.

Regeln für den Umgang miteinander: Spitznamen dürfen nur dann verwendet werden, wenn wir genau wissen, dass die angesprochene Person sie nicht als beleidigend empfindet! Alle geben immer ihr Bestes! Wenn mal etwas nicht so gut läuft, reden wir darüber! Wenn wir erfahren, dass eine oder einer aus unserer Klasse bedroht wird, beschützen wir ihn oder sie alle! Unsere Freunde und Freundinnen zu beschützen, darf aber nicht soweit führen, dass sich andere durch uns bedroht fühlen!

In allen Klassen sichern wir den „Guten Ton": Vor der ersten Klassenfahrt organisieren wir ein gemeinsames Essen in der Klasse. Das kann z. B. ein Kochkurs aus einer höheren Klasse servieren. Für die Fahrt erhalten unsere Schülerinnen und Schüler einen Einführungskurs in guten Essmanieren. Ihre Kenntnisse müssen sie gruppenweise unter Beweis stellen – in Anwesenheit der älteren Kochschülerinnen und -schüler! – und Entgleisungen durch korrektes Verhalten korrigieren. Als besondere Prüfung – oder als Belohnung! – verabreden wir uns in einem guten Restaurant und fragen dort den Ober, welche Note er uns für unsere Tischmanieren geben würde!

Unsere ausländischen Mitschülerinnen und Mitschüler fragen wir nach ihren Gebräuchen. Wir vergleichen sie mit unseren Sitten, werten sie aber nicht ab.

Rituale, die allen helfen

Als ich selbst Schülerin war, wusste ich: in der Vierten mache ich eine Prüfung. Wenn ich die bestehe, kann ich aufs Mädchengymnasium der Armen Schulschwestern Unserer Lieben Frau. Hier werden nicht wie zu Hause unsere Geburtstage gefeiert, sondern unsere Namenstage, jeweils verbunden mit einer Geschichte über unsere Namenspatronin. Jeden Montag ist Schulmesse. Die jüngsten sitzen vorn, hinten zu sitzen ist das Vorrecht der älteren. Wenn ich eines Tages groß bin, darf ich auch da sitzen! Wenn ich in der Quinta bin, darf ich Messdienerin werden! Jedes Jahr zu Karneval feiert die ganze Schule: Polonaise durch das ganze Gebäude unter Beteiligung aller Nonnen – eine Gaudi! – dann in die Aula bei lauter Musik und Polka-Tänzen. Traditionell gibt es „Negerküsse" und Limo für alle. Jede Klasse führt auf der Bühne einen Sketch vor – die Kleinen sind als erster dran, als letzte die Großen. Das beste Stück wird prämiert; die Gewinner-Klasse wird auf der Bühne geehrt. Welche Ehre! Welcher Stolz! Nach jeder Versetzung erhält man einen neuen Klassenraum – die Sexta ist immer in der Sexta, die Quinta immer in der Quinta ... In der Quarta muss ich mich entscheiden: Latein oder Französisch. In der Obertertia machen wir einen Tanzkurs, die Jungen vom Marianum immer erst in der Untersekunda. Wenn die Oberprima ihr schriftliches Abitur macht, muss die Unterprima für ihre Bewirtung sorgen – und allein der Gedanke, irgendwann wieder eine Nummer weiter in der Hierarchie zu kommen war lustvoll und ihre Realisierung bescherte Prestige und Status!

So waren die Tage strukturiert, die Jahreszeiten, die Jahre. Jedes Kind wusste, woran es war. – Wenn Schwester Christophera eine Schülerin bei der Fronleichnamsprozession nicht gesehen hatte, war klar, dass dafür eine schriftliche Entschuldigung von zu Hause vorgelegt werden musste. Meine Mutter musste einmal in die Schule erscheinen, weil mein Sommerkleid zu offen geschnitten war, ein anderes Mal, weil ich bei der „Großen Prozession" bei den „Jungfrauen" gesehen worden war; dabei hätte ich mich im Block meiner Schule befinden müssen. Darüber amüsieren wir uns bis heute.

Es gab auch Rituale, die wir gehasst haben: Bei Schwester Laurentia mussten wir mit dem Sticktuch anstehen, bis sie den neuen Stich jeder einzeln vormachte; wer es selbst versuchte, wurde streng getadelt und musste alles wieder auftrennen. Stundenlang mit Schwester Christa beten, die uns zwischendurch die Musiknoten „Fis" und „B" erklärte: „Das Kreuz erhöht! Jesus, meine Zuversicht! Beelzebub erniedrigt! Der Teufel reißt uns hinab!" Und wer zu spät kam, musste an der Pforte von Schwester Consulata vorbei, die sich die Namen aufschrieb. Wir wollten schon deshalb nicht zu spät kommen, weil das so ein unangenehmer Akt war.

Als wir in der Schule vor 30 Jahren bewusst mit der Abschaffung der Rituale begannen, haben wir uns zu wenig klar gemacht, dass Kinder sie auch lieben und sie wünschen. Die Strukturiertheit, das Wiedererkennbare, das Bekannte und Vertraute gibt Sicherheit, lässt Raum für individuelles Planen und Fantasien; das „Richtige" kann im Abgleich mit dem „Falschen" überprüft werden. Leider legen auch Familien immer weniger Wert auf Rituale. Dreijährige wissen nicht mehr, dass man zum Essen an einem Tisch sitzt. Familienfeiern sind durch Auflösen der Großfamilien fast unbekannt geworden. Karne-

val feiern die Kinder vorm Fernsehen. Christkind und Oster-
hase sind entzaubert; das geheimnisvolle Sexualleben der Erwachsenen enttabuisiert.

50 Rituale, die Schulkinder schätzen!

1. Die neuen I-Männchen werden mit ihren Eltern in der Aula empfangen. Dann verabschieden sich die Eltern und die Kinder bleiben allein zurück.
2. Die Zweitklässler sind zuständig für den Empfang: Lied singen, Sketch vorspielen, jedem einzeln die Hand schütteln, ein kleines Geschenk für die Schultüte o. Ä.
3. Die Eltern der Zweitklässler kochen Kaffee für die Eltern der I-Männchen.
4. Die Zweitklässler versorgen die Blumen in der Eingangshalle.
5. Bestimmte Feste feiern wir mit der ganzen Schule jedes Jahr – Karneval, Türkisches Kinderfest, St. Martin, Erntedank, Lambertus, Kinderschützenfest, Maibaum o. Ä. – regional verschieden.
6. Die Drittklässler übernehmen den Pickdienst auf dem Schulhof.
7. Die Drittklässler melden ihren Lehrerinnen, wenn sie feststellen, dass auf dem Schulgelände etwas repariert werden muss.
8. Die Viertklässler übernehmen Patenschaften für die Kleinen.

9. Bevor die Viertklässler unsere Schule verlassen, weißen sie alle Spielfelder auf dem Schulhof für die Jüngeren.
10. Die Viertklässler werden mit einem feierlichen Ritual vor der Schulgemeinde verabschiedet.
11. Hervorragende Taten werden jedes Jahr an einem bestimmten Tag öffentlich gemacht: Sporturkunden, besondere Urkunden für besondere Tätigkeiten: Ein Kind war besonders mutig, andere Kinder besonders hilfsbereit, manche Kinder haben einen Wettbewerb gewonnen, – und es gibt Kinder, denen muss man einfach mal eine Gelegenheit für öffentliches Lob verschaffen!
12. „Schulnachrichten" werden in wiedererkennbarer Weise veröffentlicht – Schwarzes Brett, Handzettel, Lautsprecheranlage o. Ä.
13. Die Technik-Gruppe der Klasse 9 repariert zusammen mit dem Hausmeister, was nach seiner Ansicht repariert werden muss
14. In jeder Klasse werden feste „Ämter" für notwendige Aufgaben verliehen. Wer sie verantwortungsvoll ausübt, wird nach Punkt 11 geehrt.
15. Klassenlehrerinnen oder Klassenlehrer schreiben eine Klassenchronik mit besonderen Vorkommnissen oder Anekdoten aus dem Schulleben.
16. Erlebnisausflüge ohne Walkmen, Handies und Gameboys: Wir kochen selber für uns alle.
17. Gemeinsames Frühstück einmal im Monat
18. „Guter Ton/gutes Benehmen" curricular für alle Klassen festlegen, z. B:

19. 5. Klasse: Wie grüße ich richtig? Wer geht als erster durch die Tür?
20. 6. Klasse: Tischmanieren vor der ersten Klassenfahrt
21. 6. Klasse Pickdienst
22. 7. Klasse: Spenden sammeln für einen guten Zweck.
23. 7. Klasse räumt jeden Frühling den Stadtwald auf – ein Lokalreporter schreibt einen Bericht und macht ein Foto von dem Müllberg.
24. 8. Klasse: Verantwortung für die Bedienung von Lehrern und Eltern an Elternsprechtagen, Elternabenden, Pädagogischen Konferenzen u. Ä.
25. 8. Klasse: Streitschlichter-Ausbildung
26. 9. Klasse: Streitschlichtertätigkeit
27. 9. Klasse: Vor den Bewerbungen: Der Feinschliff in „Gutem Ton" für Jungen und Mädchen durch einen Tanzlehrer oder
28. Kurs: „Kosmetik und Farben" für Mädchen durch eine Kosmetikerin oder
29. Kurs: „Wie kleide ich mich angemessen in allen Lebenslagen" durch eine Stilberatung
30. 10. Klasse: Tanzkurs für einen Abschlussball
31. Die physisch starken Jungen werden als Schutztruppe – „Prosoziale Gang" – ausgebildet: Workshop außerhalb der Schule
32. Angebote für Mädchenförderung
33. Angebote für Jungenförderung
34. Corporate Identity-Maßnahmen für alle Klassen: T-Shirts, Käppies, Abzeichen o. Ä.
35. Klassensprechertage: Workshop außerhalb der Schule
36. Geregelte Auftritte für Musik-, Sport-, Theaterbegabte
37. Jährliche Fototermine für alle Klassen

38. Tag der Kulturen: Unsere Mitschülerinnen und Mitschüler ausländischer Herkunft stellen ihre Heimat vor.

39. Kirchen, Moscheen, Tempel, Synagogen – wo gibt es sie in unserer Stadt?

40. 0. Stunde: Wir beginnen an definierten Tagen mit einer Meditation, gemeinsamem Singen oder Tanzen.

41. Einmal jährlich: Putzaktion: Wir bringen unsere Schule auf Hochglanz!

42. Literarische Filmtage: Wir machen allen Schülerinnen und Schülern ein hochwertiges Filmangebot.

43. Vorlesewettbewerb/Aufsatzwettbewerb/Jugend forscht: Wir beteiligen uns mit bestimmten Klassen an überregionalen Veranstaltungen und führen dazu erst schulinterne Qualifizierungen durch.

44. Schullandheimaufenthalte, Klassenfahrten, Auslandsaufenthalte

45. Partnerschaften mit in- und ausländischen Schulen; regelmäßiger Austausch im Internet

46. Eltern und Lehrpersonen gönnen sich einmal jährlich gemeinsam einen guten pädagogischen Vortrag – auch Prominente sind bezahlbar durch Förderverein oder Teilnehmerbeiträge

47. Feste feiern, die die Saison oder die Region anbieten

48. Eltern stellen Abschlussklassen ihre Berufe vor

49. Schülerdisco bzw.

50. Abi-Ball, Abi-Zeitung, Abi-Scherz

Aufgabe für Lehrerinnen und Lehrer

Die Zusammenstellung dieser 50 Rituale ist mir in einem 30-minütigen Brainstorming gelungen.

Setzten Sie sich zu dritt oder zu viert zusammen, denken Sie an Ihre Kompetenzen und die Bedürftigkeit Ihrer Schülerinnen und Schüler, und Sie werden Hunderte guter Ideen produzieren!

Vorsicht!

Das ist nicht gemeint!

Wenn ich mich in der Weise an ein Kollegium wende, dass ich zu klarer Positionsbestimmung der Lehrerschaft und Überprüfen ihres Toleranzbegriffes und zur Verabschiedung eines Regel- und Maßnahmenkataloges und kleinmaschiger Überwachung der Einhaltung des Regelwerkes auffordere, erhalte ich manchmal den Applaus einer Fraktion, von der ich ihn mir nicht unbedingt wünsche. Es ist die Gruppe der sogenannten hardliner, die in der Schule den pädagogischen Diskurs verunmöglicht, weil sie unerbittlich den Ruf nach „Durchgreifen" und „Ausmerzen" erhebt, Kolleginnen und Kollegen als schwache Persönlichkeiten" diffamiert, wenn sie in den abgerichteten Klassen der hardliner scheitern – müssen! – und ihre unverhohlen verächtlichen und verletzenden Umgangsformen mit Schülerinnen und Schülern zu einem zweifelhaften pädagogischen Postulat erheben:

„Du gehörst in den Wald zum Holzhacken!"

„Dafür bist du ja viel zu blöd!"

„Du bist ein Fall für den Psychiater!"

„Wenn ich dich sehe, fürchte ich um meine Pension!"

„Ihr seid nichts und aus euch wird nichts!"

„Du taugst ja nur für die Müllabfuhr!"

„Du geistige Magersucht, du Pickelface!"

(Zitate aus: Reinhold Miller, „Du dumme Sau")

Wenn ich immer wieder auffordere, klar, konsequent und sicher aufzutreten, um Gewalt und Erziehungsdefiziten entgegenzuwirken, meine ich an keiner Stelle die Entladung dumpfer Emotionen! Alle zu beschließenden Maßnahmen müssen vereinbar sein

1. **mit den Menschenrechten**
2. **mit unsere Verfassung**
3. **mit dem Bildungs- und Erziehungsauftrag der Schule und**
4. **mit einem humanistischen Menschenbild**

Darüber hinaus betone ich, dass ich mit dem Schulprogramm „Erziehende Schule" nicht die demokratischen Gremien aushebeln möchte, die einer Schulkultur auch ihr Gesicht verleihen:

- die Elternmitwirkung
- die Schülervertretung
- die Schulkonferenz

Letzte Killerphrase:
„Das geht doch alles sowieso nicht!"

Doch! Es geht!

Literaturverzeichnis

Argyle, Michael: Körpersprache und Kommunikation, Paderborn 1992

Autorenkollektiv am psychologischen Institut der freien Universität Berlin: Schülerladen Rote Freiheit, Frankfurt 1971

Bachmair et al.: Beraten will gelernt sein, Weinheim 1996

Bernfeld, Siegfried: Antiautoritäre Erziehung und Psychoanalyse, Bd. 1–3, Frankfurt 1974

Bernstein, Basil: Studien zur sprachlichen Sozialisation, Düsseldorf 1972

Besemer, Christoph: Mediation – Vermittlung in Konflikten, Baden 1993

Besemer, Christoph: Mediation in der Praxis, Baden 1996

Biddulph, Steve: Das Geheimnis glücklicher Kinder, München 1994

Biddulph, Steve: Weitere Geheimnisse glücklicher Kinder, München 1998

Bildungskommission NRW: Zukunft der Bildung – Schule der Zukunft, Neuwied, Kriftel, Berlin 1995

Birkenbihl, Vera: Stichwort Schule – Trotz Schule lernen, November 1985

Böhm, Annette und von Braunmöhl, Ekkehard: Gleichberechtigung im Kinderzimmer, Düsseldorf 1994

von Braunmöhl, Ekkehard: Zeit für Kinder, Frankfurt 1978

von Braunmöhl, Ekkehard: Zur Vernunft kommen, Weinheim und Basel 1990

Dreikurs/Soltz: Kinder fordern uns heraus, Stuttgart 1998

Ehinger, Wolfgang und Hennig, Claudius: Praxis der Lehrersupervision, Weinheim und Basel 1994

Faller, Kurt: Konflikte selber lösen, Mülheim 1996

Faller, Kurt: Mediation in der pädagogischen Arbeit, Mülheim 1998

Familienerziehung, Sozialschicht, Schulerfolg; Weinheim und Basel 1971

Gewaltlösungen, Schüler 1995, Seelze 1995

Gordon, Thomas: Familienkonferenz, Hamburg 1972

Gordon, Thomas: Lehrer-Schüler-Konferenz, Hamburg 1981

Grossmann, Christina: Projekt: Soziales Lernen, Mülheim 1996

Gruntz-Stoll, Johannes und Thommen, Beat: Einfach verflixt – verflixt einfach, Dortmund 1997

Hagedorn, Ortrud: Konfliktlotsen, Leipzig 1996

Hauk-Thorn, Diemut: Streitschlichtung in Schule und Jugendarbeit, Mainz 2000

Heidari, Mohammed und Hocker, Reinhard in Migrationsarbeit und Islam, Hrsg.: Referat für Multikuturelles im Amt für Soziales und Wohnen, Bonn 1999

Heinemann/Rauchfleisch/Gröttner: Gewalttätige Kinder, Frankfurt 1992

Horster, Leonhard: Störungen bearbeiten, Bönen 1995

Hurrelmann/Rixius/Schirp: Gegen Gewalt in der Schule, Weinheim und Basel 1996

Hufer, Klaus-Peter: Argumentationstraining gegen Stammtischparolen, Schwalbach/Ts. 2000

Jefferys, Karin und Noack, Ute: Streiten, Vermitteln, Lösen, Lichtenau 1998

Kaiser, Astrid: Pickel, Sex und immer Krach, Berlin/München o. J.

Kast-Zahn, Annette: Jedes Kind kann Regeln lernen, Ratingen 1998

Kullmann, Volker Jost E.: Selbst-Supervision in der Schule, Neuwied, Kriftel, 2000

Kupfer, Heinrich: Erziehung – Angriff auf die Freiheit, Weinheim und Basel 1980

Lernende Schule: Zeitschrift für die Praxis pädagogischer Schulentwicklung, Seelze

Miller, Reinhold: „Du dumme Sau!", Lichtenau 1999

Neill, A. S.: Theorie und Praxis der antiautoritären Erziehung, Reinbek 1969

Neill, A. S.: Die Grüne Wolke, Reinbek 1971

Neill, A. S.: Das Prinzip Summerhill: Fragen und Antworten, Reinbek 1971

Oevermann, Ulrich: Sprache und soziale Herkunft, Frankfurt 1972

Peschanel, Frank D.: Phänomen Konflikt, Paderborn 1993

Petermann/Petermann: Training mit aggressiven Kindern, Weinheim 1997

Petermann/Petermann: Training mit Jugendlichen, Weinheim 1996

Popenoe, Joshua: Schüler in Summerhill, Reinbek 1971

Preuschoff, Gisela und Axel: Gewalt an Schulen, Köln 1992

Rogge, Jan-Uwe: Eltern setzen Grenzen, Reinbek 1995

Rogge, Jan-Uwe: Kinder brauchen Grenzen, Reinbek 1998

Rogge, Jan-Uwe: Pubertät, Reinbek 1998

Rotthaus, Wilhelm: Wozu erziehen?, Heidelberg 1999

Rutschky, Katharina: Schwarze Pädagogik, Frankfurt, Berlin, Wien 1977

Sass, Hans-Werner (Hrsg): Antiautoritäre Erziehung oder die Erziehung der Erzieher, Stuttgart 1972

Schulz von Thun, Friedemann: Miteinander reden,
Bd. 1–3, Reinbek 1981, 1989, 1998
Segefjord, Bjarne: Summerhill-Tagebuch, München 1971
Streitschlichtung durch Schülerinnen und Schüler, PZ-Information
14/97, Bad Kreuznach
Summerhill: Pro und Contra, Reinbek 1971
von Schoenebeck, Hubertus: Der Versuch, ein kinderfreundlicher
Lehrer zu sein, Frankfurt 1980
Voss, Reinhard: Schulvisionen, Heidelberg 1998
Walker, Jamie: Gewaltfreier Umgang mit Konflikten in der Sekundar-
stufe I, Frankfurt 1995
Watzke, ed: Equilibristischer Tanz zwischen den Welten, Godesberg
1997
Watzlawick, Paul: Anleitung zum Unglücklichsein, München 1983
Weidner/Kilb/Kreft: Gewalt im Griff, Bd. 1-2, Weinheim und Basel
1997 ff.
Weisbach, Christian-Rainer: Professionelle Gesprächsführung,
München 1997
Wygotski, L. S.: Denken und Sprechen, Berlin 1964
Zeltner, Eva: Kinder schlagen zurück, Bern 1993